hier	
dort	
heute	
morgen	

Haben Sie …?	Ha …? a …?
Ich möchte …	Vorrei … wor'räi …?
Was ist das?	Che cos'è quello?
	ke kɔsä ku'ello?
Was kostet das?	Quanto costa?
	ku'anto 'kɔßta?
Wie spät ist es?	Che ore sono?
	ke 'ore 'ßono?
Die Karte bitte.	Mi porta il menù, per favore.
	mi 'pɔrta il me'nu, per fa'wore.
Die Rechnung bitte!	Il conto, per favore.
	il 'konto, per fa'wore.
Hilfe!	Aiuto! a'juto!
Können Sie mir bitte helfen?	Mi può aiutare, per favore?
	mi pu'ɔ aju'tare, per fa'wore?
Rufen Sie schnell einen Krankenwagen!	Chiami subito un'ambulanza!
	'kjami 'ßubito un ambu'lantsa!

IV Höfliche Wendungen

Deutsch	Italienisch	Aussprache
... bitte!	... **per favore!**	... per fa'wore!
Vielen Dank.	**Grazie mille.**	'gratsje 'mille.
Vielen Dank für Ihre Hilfe.	**Grazie mille per il Suo aiuto.**	'gratsje 'mille per il 'ßuo a'juto.
Ja, gerne.	**Sì, volentieri.**	ßi, wolen'tjäri.
Nein, danke.	**No, grazie.**	nɔ, 'gratsje.
Gern geschehen.	**Non c'è di che.**	non tschä di ke.
Entschuldigen Sie!	**Scusi!**	'ßkusi!
Darf ich?	**Posso?**	'pɔßßo?
Sehr gerne.	**Molto volentieri.**	'molto wolen'tjäri.
Sehr gut!	**Benissimo!**	be'nißßimo!
Großartig!	**Magnifico!**	ma'njifiko!
Wie schade!	**Che peccato!**	ke pek'kato!
Macht nichts!	**Non fa niente!**	non fa 'njänte!
Das gefällt mir.	**Mi piace.**	mi 'pjatsche.
Das gefällt mir nicht.	**Non mi piace.**	non mi 'pjatsche.
Das ist mir egal.	**Per me è lo stesso.**	per me ä lo 'ßteßßo.
Das tut mir leid.	**Mi dispiace.**	mi di'ßpjatsche!
Das war ein Missverständnis.	**È stato un malinteso.**	ä 'ßtato un malin'teso.

Langenscheidt Universal-Sprachführer

Italienisch

Die wichtigsten Sätze plus Reisewörterbuch

Langenscheidt
München · Wien

Download
Ihre Speisekarte Italienisch mit noch mehr Begriffen können Sie unter www.langenscheidt.de/sprachfuehrer-speisekarte mit dem Code U482A kostenlos herunterladen.

Bildnachweis
S. 8: iStock/jakubzak
S. 26: Getty Images/Thomas Barwick
S. 62: laif/hemis.fr/Ludovic Maisant
S. 80: laif/hemis.fr/Ludovic Maisant
S. 114: Thinkstock/boggy22
S. 144: Thinkstock/Stewart Cohen
S. 174: Alamy/Tim Graham
S. 206: Look-foto/age fotostock

Abkürzungen
adv Adverb
f weiblich
m männlich
pl Plural
sg Singular

Herausgegeben von der Langenscheidt-Redaktion
Gestaltungskonzept von Farnschläder & Mahlstedt, Hamburg
Covergestaltung von KW43 BRANDDESIGN, Düsseldorf

© 2015 Langenscheidt GmbH & Co. KG, München
Druck und Bindung: C. H. Beck, Nördlingen
ISBN 978-3-468-23184-1
www.langenscheidt.de

Inhalt

Das Allerwichtigste II
Höfliche Wendungen IV
Aussprache 6

Ins Gespräch kommen 8

Verständigung 10
Begrüßung 11
Sich kennenlernen 12
Zeitangaben 18
Wetter 23

Unterwegs 26

Fragen nach dem Weg 28
Flugzeug 30
Auto, Motorrad 34
Zug 48
Fernbus 53
Schiff & Fähre 54
Nahverkehr 57
Taxi 60

Übernachten 62

Zimmersuche 64
Hotel 65
Ferienwohnung 71
Camping 72
Weitere Wörter 74

Essen & Trinken 80

Speisekarte 82
Restaurantsuche 104
Bestellen 105
Bei Tisch 108
Reklamieren 109
Bezahlen 110
Weitere Wörter 111

Einkaufen 114

Fragen & Wünsche 116
Geschäfte 119
Lebensmittel 120
Kleidung 127
Schuhe 132
Souvenirs 134
Drogerieartikel 136
Haushalt 139
Optiker 141
Tabakwaren 143

Aktivitäten 144

Sport & Wellness 146　　Unterhaltung 170
Besichtigungen 160

Gut zu wissen 174

Notruf 176　　　　　　Bank 200
Polizei 177　　　　　　Post 203
Gesundheit 180　　　　Telefon, Internet 204

Reisewörterbuch 206

Deutsch–Italienisch 208
Italienisch–Deutsch 254

Register 286
Zahlen VI

6 Aussprache

Um Ihnen eine Hilfe bei der Aussprache des Italienischen zu geben, haben wir alle italienischen Sätze und Wörter zusätzlich in vereinfachter Lautschrift aufgenommen.
Zur Kennzeichnung der Betonung ist jeweils vor die betonte Silbe ein Betonungsakzent ' gesetzt. Im Italienischen werden viele Wörter auf ihrer vorletzten Silbe betont. Abweichungen folgen keiner festen Regel.
Doppelkonsonanten werden im Italienischen auch doppelt gesprochen: sorella ßo'rella Schwester, bocca 'bokka Mund.
Zwei aufeinanderfolgende Vokale (ae, au, ei, eu, ie usw.) behalten jeweils ihren ursprünglichen Klang (vgl. dt. Museum): paura pa'ura Angst, euro ä-uro Euro.

Schrift	Lautschrift	Aussprache	Beispiel
c	tsch	vor e und i wie *tsch*	ciao 'tschao hallo
	k	sonst wie *k*	come 'kome wie
ch, cch	k	wie *k*	che ke was
e	e	geschlossenes *e* wie in Beruf	forse 'forße vielleicht
	ä	offenes *e* wie in ändern	senza 'ßäntsa ohne
g	dsch	vor e und i wie weiches *dsch*	viaggio 'wjaddscho Reise
	g	sonst wie g	grazie 'gratsje danke

Aussprache

gh	g	wie *g*, das h wird nicht gesprochen	funghi 'fungi Pilze
gli	lj	mouilliertes *l* wie in brillant	taglia 'talja Größe
gn	nj	mouilliertes *n* wie in Kognak	bagno 'banjo Bad
h		wird nicht gesprochen	hanno 'anno sie haben
o	o	geschlossenes *o* wie in Moral	non non nicht
	ɔ	offenes *o* wie in Wolle	cosa 'kɔsa Sache
r	r	mit der Zungenspitze gerolltes *r*	rosso 'roßo rot
s	ß	stimmloses *s* wie in Messe	sale 'ßale Salz
	s	stimmhaftes *s* wie in Sonne	rosa 'rɔsa rosa
sce, sci	sch	wie *sch* in schön	lasciare la'schare lassen
sch	ßk	wie *sk*	pesche 'päßke Pfirsiche
v	w	wie *w* in Weg	vino 'wino Wein
z	ts ds	wie *z* in Zahn wie *d* mit stimmhaftem *s*	senza 'ßäntsa ohne zero 'dsäro Null

Ins Gespräch kommen

Verständigung **12**

Begrüßung **13**

Sich kennenlernen **14**

Zeitangaben **21**

Wetter **25**

Verständigung

Spricht hier jemand ▸	C'è qualcuno che parla ▸ tschä kual'kuno ke 'parla ▸
▸ Deutsch?	▸ tedesco? te'deßko?
▸ Englisch?	▸ inglese? in'glese?
Haben Sie verstanden?	Ha capito? a ka'pito?
Ich habe verstanden.	Ho capito. ɔ ka'pito.
Ich habe das nicht verstanden.	Non l'ho capito. non lɔ ka'pito.
Sprechen Sie bitte etwas langsamer.	Può parlare più piano, per favore? pu'ɔ par'lare pju 'pjano, per fa'wore?
Könnten Sie das bitte wiederholen?	Può ripetere, per favore? pu'ɔ ri'pätere, per fa'wore?
Was bedeutet …?	Che cosa significa …? ke 'kɔsa ßi'njfika …?
Könnten Sie es mir bitte aufschreiben?	Me lo potrebbe scrivere, per favore? me lo po'träbbe 'ßkriwere, per fa'wore?

Info Das Italienische kennt zwei Ausdrücke für bitte: Per favore verwenden Sie bei der Bitte um eine Gefälligkeit, ansonsten sagen Sie prego; mit prego antworten Sie auch auf grazie (danke).

Begrüßung

Hallo!	Ciao! 'tschao!
Guten Tag!	Buongiorno! buon'dschorno!
Guten Abend!	Buona sera! bu'ɔna 'ßera!
Gute Nacht!	Buona notte! bu'ɔna 'nɔtte!
Wie geht's?	Come va? 'kome wa?
Wie geht es Ihnen	dir ?	Come sta	stai ? 'kome ßta	'ßtai ?
Danke, gut. Und Ihnen	dir ?	Bene, grazie. E Lei	tu ? 'bäne, 'gratsje. e 'lāi	tu ?
Tschüs!	Ciao! 'tschao!
Auf Wiedersehen!	Arrivederci! arriwe'dertschi!
Schön, Sie kennengelernt zu haben.	Molto piacere di averLa conosciuta. 'molto pja'tschere di a'werla kono'schuta.

Schön, dich kennengelernt zu haben.	Molto piacere di averti ♂ conosciuto / ♀ conosciuta. 'molto pja'tschere di a'werti ♂ kono'schuto / ♀ kono'schuta.
Schönen Tag noch!	Ancora un buon giorno! an'kora un bu'ɔn 'dschorno!
Bis bald!	A presto! a 'präßto!
Bis morgen!	A domani! a do'mani!

Sich kennenlernen

Sich bekannt machen

Wie heißen Sie | heißt du ?	Come si chiama | ti chiami ? 'kome ßi 'kjama | ti 'kjami ?
Ich heiße ...	Mi chiamo ... mi 'kjamo ...
Woher kommen Sie | kommst du ?	Di dov'è | dove sei ? di do'wä | 'dowe 'ßäi ?
Ich komme aus ▶ ▶ Deutschland.	Vengo ▶ 'wengo ▶ ▶ dalla Germania. 'dalla dscher'manja.
▶ Österreich.	▶ dall'Austria. dal'laußtrja.
▶ der Schweiz.	▶ dalla Svizzera. 'dalla 'swittsera.

Sich kennenlernen 13

Info Personen, von denen man den Namen kennt, spricht man auch mit Namen an: signor Martelli/signora Dante usw. Kennt man den Namen nicht, sagt man einfach signore/signora, bei jüngeren Frauen signorina.

Wie alt sind Sie | bist du?	Quanti anni ha | hai? ku'anti 'anni a | ai?
Ich bin ... Jahre alt.	Ho ... anni. ɔ ... 'anni.
Sind Sie verheiratet?	È ♂ sposato / ♀ sposata? ä ♂ ßpo'sato / ♀ ßpo'sata?

Ich bin ▶   Sono ▶   'ßono ▶
▶ ledig.   ▶ single.   'ßingol.
▶ verheiratet.   ▶ ♂ sposato / ♀ sposata.
  ♂ ßpo'sato / ♀ ßpo'sata.
▶ geschieden.   ▶ ♂ divorziato / ♀ divorziata.
  ♂ diwor'tsjato /
  ♀ diwor'tsjata.

Haben Sie | Hast du Kinder?	Ha | Hai figli? a | ai 'filji?
Was machen Sie | machst du beruflich?	Che lavoro fa | fai? ke la'woro fa | fai?
Ich bin ...	Sono ... 'ßono ...

Sich verabreden

Treffen wir uns ▸ ▸ heute Abend? ▸ morgen?	Ci vediamo ▸ tschi we'djamo ▸ ▸ stasera? ßta'ßera? ▸ domani? do'mani?
Wollen wir heute Abend zusammen essen?	Ceniamo insieme stasera? tsche'njamo in'ßjäme ßta'ßera?
Ich möchte Sie	dich einladen.	Vorrei offrire io. wor'räi of'frire 'io.
Wann treffen wir uns?	Quando ci incontriamo? ku'ando tschi inkon'trjamo?
Wo treffen wir uns?	Dove ci incontriamo? 'dowe tschi inkon'trjamo?
Wie ist Ihre ▸ ▸ Handynummer? ▸ E-Mail-Adresse?	Qual è il Suo ▸ kua'lä il 'ßuo ▸ ▸ numero di cellulare? 'numero di tschellu'lare? ▸ indirizzo e-mail? indi'rittso 'imäil?
Treffen wir uns doch um … Uhr.	Incontriamoci alle … inkon'trjamotschi 'alle …
Es tut mir leid, aber ich muss jetzt gehen.	Mi dispiace, ma adesso devo andare. mi di'ßpjatsche, ma a'däßßo 'däwo an'dare.

Sich kennenlernen

Vielen Dank für den netten ▸	Grazie mille per la bella ▸ 'gratsje 'mille per la 'bälla ▸
▸ Abend.	▸ serata. ße'rata.
▸ Tag.	▸ giornata. dschor'nata.
Sehen wir uns noch einmal?	Ci rivediamo? tschi riwe'djamo?
Sehr gerne.	Molto volentieri. 'molto wolen'tjäri.
Vielleicht.	Forse. 'forße.
Es tut mir leid, aber ich kann nicht.	Mi dispiace, ma non posso. mi di'ßpjatsche, ma non 'pɔßßo.

Flirten

Sind Sie | Bist du alleine hier?	È | Sei qui da ♂ solo / ♀ sola? ä | 'ßäi ku'i da ♂ 'ßolo / ♀ 'ßola?
Ich warte auf jemanden.	Aspetto qualcuno. aß'pätto kual'kuno.
Lassen Sie mich in Ruhe!	Mi lasci in pace! mi 'laschi in 'patsche!
Du gefällst mir sehr.	Mi piaci tanto. mi 'pjatschi 'tanto.

Ins Gespräch kommen

Kommst du mit zu mir?	Vuoi venire a casa mia? wuˈɔi weˈnire a ˈkasa ˈmia?
Ich mag dich.	Mi sei molto ♂ simpatico / ♀ simpatica. mi ˈßäi ˈmolto ♂ ßimˈpatiko / ♀ ßimˈpatika.
Ich liebe dich.	Ti amo. tiˈamo.
Ich möchte mit dir schlafen.	Vorrei fare l'amore con te. worˈräi ˈfare laˈmore kon te.
Aber nur mit Kondom.	Ma solo con il preservativo. ma ˈßolo kon il preßerwaˈtiwo.

Weitere Wörter

Adresse	l'indirizzo lindiˈrittso
Beruf	la professione la profeßˈßjone
Bruder	il fratello il fraˈtällo
einladen	invitare inwiˈtare
Foto	la foto laˈfɔto
Frau (Ehefrau)	la moglie la ˈmolje
Frau (Anrede)	signora ßiˈnjora
Freund (Partner)	il ragazzo il raˈgattso
Freund (allg.)	l'amico laˈmiko
Freundin (Partnerin)	la ragazza la raˈgattsa
Freundin (allg.)	l'amica laˈmika
Geschwister	i fratelli i fraˈtälli

Sich kennenlernen 17

Herr (Anrede)	signore	ßi'njore
Junge	il ragazzo	il ra'gattso
Kind	il bambino	il bam'bino
kommen aus	venire da	we'nire da
Land	il paese	il pa'ese
langsam	piano	'pjano
Mädchen	la ragazza	la ra'gattsa
Mann (Ehemann)	il marito	il ma'rito
mögen (wollen)	volere	wo'lere
Mutter	la madre	la 'madre
Schule	la scuola	la ßku'ɔla
Schwester	la sorella	la ßo'rälla
Sohn	il figlio	il 'filjo
sprechen	parlare	par'lare
Stadt	la città	la tschit'ta
Student	lo studente	lo ßtu'dänte
Studentin	la studentessa	la ßtuden'teßßa
tanzen gehen	andare a ballare	an'dare a bal'lare
Tochter	la figlia	la 'filja
Urlaub	la vacanza	la wa'kantsa
Vater	il padre	il 'padre
sich verabreden	darsi appuntamento	'darßi appunta'mento
Verlobte	la fidanzata	la fidan'tsata
Verlobter	il fidanzato	il fidan'tsato

verstehen	capire	ka'pire
warten	aspettare	aʃpet'tare
wenig	poco	'pɔko
wiederholen	ripetere	ri'pätere
wiederkommen	ritornare	ritor'nare
wiedersehen	rivedere	riwe'dere

Zeitangaben

Wie spät ist es?	Che ore sono?	ke 'ore 'ßono?
Es ist zwölf Uhr mittags.	È mezzogiorno.	ä meddso'dschorno.
Es ist zwölf Uhr nachts.	È mezzanotte.	ä meddsa'nɔtte.
Es ist zwei Uhr.	Sono le due.	'ßono le 'due.
Es ist fünf nach vier.	Sono le quattro e cinque.	'ßono le ku'attro e 'tschinkue.
Es ist Viertel nach fünf.	Sono le cinque e un quarto.	'ßono le 'tschinkue e un 'kuarto.
Es ist halb sieben.	Sono le sei e mezza.	'ßono le 'ßäi e 'mäddsa.
Es ist Viertel vor neun.	Sono le nove meno un quarto.	'ßono le 'nɔwe 'meno un ku'arto.

Zeitangaben 19

Es ist 15 Uhr 35.	Sono le tre e trentacinque.	'ßono le tre e trenta'tschinkue.
Es ist ein Uhr.	È l'una.	ä 'luna.
Es ist zehn vor acht.	Sono le otto meno dieci.	'ßono le 'ɔtto 'meno 'djätschi.
Um wie viel Uhr?	A che ora?	a ke 'ora?
Um zehn Uhr.	Alle dieci.	'alle 'djätschi.
Bis elf Uhr.	Fino alle undici.	'fino 'alle 'unditschi.
Von acht bis neun Uhr.	Dalle otto alle nove.	'dalle 'ɔtto 'alle 'nɔwe.
Zwischen zehn und zwölf Uhr.	Tra le dieci e mezzogiorno.	tra le 'djätschi e meddso'dschorno.
In einer halben Stunde.	Fra mezz'ora.	fra med'dsora.
Den Wievielten haben wir heute?	Quanti ne abbiamo oggi?	ku'anti ne ab'bjamo 'ɔddschi?
Heute ist der 2. Juli.	Oggi è il due luglio.	'ɔddschi ä il 'due 'luljo.

Wochentage

Montag	lunedì	lune'di
Dienstag	martedì	marte'di
Mittwoch	mercoledì	merkole'di
Donnerstag	giovedì	dschowe'di
Freitag	venerdì	wener'di
Samstag	sabato	'ßabato
Sonntag	domenica	do'menika

Monate

Januar	gennaio	dschen'najo
Februar	febbraio	feb'brajo
März	marzo	'martso
April	aprile	a'prile
Mai	maggio	'maddscho
Juni	giugno	'dschunjo
Juli	luglio	'luljo
August	agosto	a'goßto
September	settembre	ßet'tämbre
Oktober	ottobre	ot'tobre
November	novembre	no'wämbre
Dezember	dicembre	di'tschämbre

Zeitangaben

Weitere Wörter

Abend	la sera	la 'ßera
abends	di sera	di 'ßera
am Nachmittag	di pomeriggio	di pome'riddscho
bald	presto	'prä ßto
bis	fino a	'fino a
früh	presto	'prä ßto
Frühling	la primavera	la prima'wära
gestern	ieri	'järi
halbe Stunde	mezz'ora	med'dsora
Herbst	l'autunno	lau'tunno
heute	oggi	'ɔddschi
heute Abend	stasera	ßta'ßera
heute Morgen	stamattina	ßtamat'tina
heute Nachmittag	oggi pomeriggio	'ɔddschi pome'riddscho
in 14 Tagen	fra quindici giorni	fra ku'inditschi 'dschorni
Jahr	l'anno	'lanno
jetzt	adesso	a'däßßo
manchmal	qualche volta	ku'alke 'wɔlta
Minute	il minuto	il mi'nuto
mittags	a mezzogiorno	a meddso'dschorno
Monat	il mese	il 'mese
morgen	domani	do'mani

Ins Gespräch kommen

morgens	**di mattina** di mat'tina
Nachmittag	**il pomeriggio** il pome'riddscho
nächstes Jahr	**l'anno prossimo** 'lanno 'proßßimo
Nacht	**la notte** la 'nɔtte
nachts	**di notte** di 'nɔtte
seit	**da** da
Sekunde	**il secondo** il ße'kondo
Sommer	**l'estate** le'ßtate
spät	**tardi** 'tardi
später	**più tardi** pju 'tardi
Stunde	**l'ora** 'lora
Tag	**il giorno** il 'dschorno
übermorgen	**dopodomani** dopodo'mani
um	**a, alle** a, 'alle
Viertelstunde	**il quarto d'ora** il ku'arto 'dora
vor einem Monat	**un mese fa** un 'mese fa
vorgestern	**ieri l'altro** 'järi 'laltro
vor Kurzem	**poco fa, recentemente** 'poko fa, retschente'mente
Vormittag	**la mattina** la mat'tina
vormittags	**di mattina** di mat'tina
Winter	**l'inverno** lin'wärno
Woche	**la settimana** la ßetti'mana
Zeit	**il tempo** il 'tämpo

Wetter

Wie wird das Wetter ▸	Che tempo farà ▸ ke 'tämpo fa'ra ▸
▸ heute?	▸ oggi? 'ɔddschi?
▸ morgen?	▸ domani? do'mani?
Es wird ▸	Farà ▸ fa'ra ▸
▸ schön.	▸ bello. 'bällo.
▸ schlecht.	▸ brutto. 'brutto.
▸ warm.	▸ caldo. 'kaldo.
▸ heiß.	▸ molto caldo. 'molto 'kaldo.
▸ kalt.	▸ freddo. 'freddo.
Es ist schwül.	C'è afa. tschä 'afa.
Es wird Regen geben.	Pioverà. pjowe'ra.
Es wird ein Gewitter geben.	Ci sarà un temporale. tschi ßa'ra un tempo'rale.
Die Sonne scheint.	C'è il sole. tschä il 'ßole.
Es ist ziemlich windig.	C'è parecchio vento. tschä pa'rekkjo 'wänto.
Es regnet.	Piove. 'pjɔwe.
Es schneit.	Nevica. 'newika.

24   Ins Gespräch kommen

Wie viel Grad haben wir?	Quanti gradi ci sono? ku'anti 'gradi tschi 'ßono?
Es sind ... Grad (unter null).	Ci sono ... gradi (sotto zero). tschi 'ßono ... 'gradi ('ßotto 'dsäro).

Weitere Wörter

bewölkt	nuvoloso nuwo'loso
Blitz	il lampo il 'lampo
diesig	nebbioso neb'bjoso
Donner	il tuono il tu'ɔno
feucht	umido 'umido
frieren	gelare dsche'lare
es friert	gela 'dschäla
Frost	il gelo il 'dschälo
Glatteis	il ghiaccio il 'gjattscho
Grad	il grado il 'grado
Hagel	la grandine la 'grandine
Hitze	il caldo il 'kaldo
Hitzewelle	l'ondata di caldo lon'data di 'kaldo
Hoch	l'alta pressione 'lalta 'preß'ßjone
Klima	il clima il 'klima
kühl	fresco 'freßko
Luft	l'aria 'larja

Wetter

Mond	la luna la 'luna
nass	bagnato ba'njato
Nebel	la nebbia la 'nebbja
Regenschauer	il rovescio di pioggia, il piovasco il ro'wäscho di 'pjɔddscha, il pjo'waßko
regnerisch	piovoso pjo'woso
Schnee	la neve la 'newe
Sonne	il sole il 'ßole
Sonnenaufgang	il sorgere del sole il 'ßordschere del 'ßole
Sonnenuntergang	il tramonto il tra'monto
sonnig	soleggiato ßoled'dschato
Stern	la stella la 'ßtella
Sturm	la tempesta la tem'päßta
stürmisch	tempestoso tempe'ßtoso
tauen	sgelare sdsche'lare
es taut	sgela 'sdschäla
Temperatur	la temperatura la tempera'tura
Tief	la bassa pressione la 'baßßa preß'ßjone
trocken	secco 'ßekko
Unwetter	il temporale il tempo'rale
wechselhaft	variabile wa'rjabile
Wind	il vento il 'wento
Wolke	la nuvola la 'nuwola

Unterwegs

Nach dem Weg fragen **28**

Flugzeug **30**

Auto, Motorrad **34**

Zug **48**

Fernbus **53**

Schiff & Fähre **54**

Nahverkehr **57**

Taxi **60**

Nach dem Weg fragen

Entschuldigung, wo ist ...?	Scusi, dov'è ...? 'ßkusi, do'wä ...?
Wie komme ich nach ...?	Come ci si arriva a ...? 'kome tschi ßi ar'riwa a ...?
Können Sie mir das auf der Karte zeigen?	Me lo può indicare sulla pianta? me lo pu'ɔ indi'kare ßulla 'pjanta?
Wie viele Minuten ▸	Quanti minuti ci vogliono ▸ ku'anti mi'nuti tschi 'wɔljono ▸
▸ zu Fuß?	▸ a piedi? a 'pjädi?
▸ mit dem Auto?	▸ in macchina? in 'makkina?
Wie weit ist es?	Quant'è lontano? kuan'tä lon'tano?
Ist das die Straße nach ...?	È questa la strada per ...? ä ku'eßta la 'ßtrada per ...?
Wie komme ich zur Autobahn nach ...?	Dove si prende l'autostrada per ...? 'dowe ßi 'pränd e lauto'ßtrada per ...?

Das könnten Sie hören:

Mi dispiace, non lo so.
mi di'ßpjatsche, non lo ßɔ.

Tut mir leid, das weiß ich nicht.

Nach dem Weg fragen

La prima strada a sinistra.
la 'prima 'ßtrada a ßi'nißtra.
                    Die erste Straße links.

La seconda strada a destra.
a ße'konda 'ßtrada a 'däßtra.
                      Die zweite Straße rechts.

Al prossimo semaforo ...
al 'prɔßßimo ße'maforo ...
                      An der nächsten Ampel ...

Al prossimo incrocio ...
al 'prɔßßimo in'krotscho ...
                      An der nächsten Kreuzung ...

Poi chieda a qualcun altro.
'pɔi 'kjäda a kual'kun 'altro.
                      Dann fragen Sie noch einmal.

Orts- und Richtungsangaben

accanto a	neben
a destra	(nach) rechts
a sinistra	(nach) links
curva	Kurve
davanti a	vor
dietro	hinter
di fronte a	gegenüber

Unterwegs

di qua	hier entlang
diritto	geradeaus
incrocio	Kreuzung
indietro	zurück
là	dort
non lontano	nicht weit
qui	hier
qui dietro	dort hinten
semaforo	Ampel
strada	Straße
vicino a	nahe bei

Flugzeug

Wie viel kostet ein Flug nach …?
Quanto costa un volo per …?
ku'anto 'kɔsta un 'wolo per …?

Bitte ein Flugticket ▸
Un biglietto ▸, per favore.
un bi'ljetto ▸, per fa'wore.

▸ einfach.
▸ di sola andata
di 'ßola an'data

▸ hin und zurück.
▸ andata e ritorno
an'data e ri'torno

▸ Economyclass.
▸ in classe economy
in 'klaßße e'konomi

▸ Businessclass.
▸ in business class
in 'bisneß 'klaß

Flugzeug

Ich hätte gern einen ▸	Vorrei un posto ▸ wor'räi un 'poʃto ▸
▸ Fensterplatz.	▸ accanto al finestrino. ak'kanto al fine'ʃtrino.
▸ Platz am Gang.	▸ accanto al corridoio. ak'kanto al korri'dojo.
Können Sie mir am Check-in-Automaten helfen?	Mi può aiutare a fare il check-in all'automatico? mi pu'ɔ aju'tare a 'fare il tschäk'in allauto'matiko?
Kann ich das als Handgepäck mitnehmen?	Posso portare questo come bagaglio a mano? 'poßßo por'tare ku'eßto 'kome ba'galjo a 'mano?
Mein Gepäck ist (noch) nicht angekommen.	I miei bagagli non sono (ancora) arrivati. i 'mjäi ba'galji non 'ßono (an'kora) arri'wati.
Mein Koffer ist beschädigt worden.	La mia valigia è stata danneggiata. la 'mia wa'lidscha ä 'ßtata danned'dschata.
An wen kann ich mich wenden?	A chi mi posso rivolgere? a ki mi 'pɔßßo ri'wɔldschere?

Unterwegs

Weitere Wörter

Deutsch	Italienisch	Aussprache
Abflug	il decollo	il de'kɔllo
Ankunft	l'arrivo	lar'riwo
Anschlussflug	la coincidenza	la kointschi'däntsa
aufgeben	depositare	deposi'tare
Ausgang	l'uscita	lu'schita
Bordkarte	la carta d'imbarco	la 'karta dim'barko
elektronisches Ticket	il biglietto elettronico	il bi'ljetto elet'trɔniko
Fluggesellschaft	la compagnia aerea	la kompa'njia a'ärea
Flughafen	l'aeroporto	laero'pɔrto
Flughafenbus	la navetta	la na'wetta
Flughafengebühr	la tassa aeroportuale	la 'taßßa aeroportu'ale
Flugzeug	l'aereo	la'äreo
Gepäck	il bagaglio	il ba'galjo
Gepäckannahme	l'accettazione bagagli	lattschetta'tsjone ba'galji
Gepäckausgabe	la riconsegna dei bagagli	la rikon'ßenja 'dei ba'galji
Gepäckschein	lo scontrino dei bagagli	lo ßkon'trino 'dei ba'galji
Handgepäck	il bagaglio a mano	il ba'galjo a 'mano

Flugzeug 33

Kindersicher-heitsgurt	la cintura di sicurezza per bambini la tschin'tura di ßiku'rettsa per bam'bini
Koffer	la valigia la wa'li<u>d</u>scha
Koffergurt	la cinghia della valigia la 'tschingja 'della wa'li<u>d</u>scha
Landung	l'atterraggio latter'ra<u>dd</u>scho
mobile Bordkarte	la carta d'imbarco mobile la 'karta dim'barko 'mɔbile
Ortszeit	l'ora locale 'lora lo'kale
Reisetasche	la borsa da viaggio la 'borßa da 'wja<u>dd</u>scho
Rollkoffer	il trolley il 'trɔllei
Rückflug	il volo di ritorno il 'wolo di ri'torno
Rucksack	lo zaino lo 'dsaino
Schalter	lo sportello lo ßpor'tällo
Spucktüte	il sacchetto di carta per la nausea il ßak'ketto di 'karta per la 'nausea
Tasche	la borsa la 'borßa
Ticket	il biglietto il bi'ljetto
Übergepäck	l'eccesso di bagaglio let'tschäßßo di ba'galjo
Verspätung	il ritardo il ri'tardo
Zwischenlandung	lo scalo lo 'ßkalo

Auto, Motorrad

Vermietung

Ich möchte ▸ mieten.	Vorrei noleggiare ▸ wor'räi noled'dschare ▸
▸ ein Auto (mit Automatik)	▸ una macchina (con il cambio automatico). 'una 'makkina (kon il 'kambjo auto'matiko).
▸ einen Geländewagen	▸ un fuoristrada. un fuori'ßtrada.
▸ ein Motorrad	▸ una motocicletta. 'una mototschi'kletta.
▸ ein Moped	▸ un motorino. un moto'rino.
▸ ein Wohnmobil	▸ un camper. un 'kamper.
Ich möchte es für ▸ mieten.	La vorrei noleggiare per ▸ la wor'räi noled'dschare per ▸
▸ morgen	▸ domani. do'mani.
▸ einen Tag	▸ un giorno. un 'dschorno.
▸ zwei Tage	▸ due giorni. 'due dschorni.
▸ eine Woche	▸ una settimana. 'una ßetti'mana.
Ich hätte gern einen Wagen mit Navi.	Vorrei una macchina con il navigatore. wor'räi 'una 'makkina con il nawiga'tore.
Wie viel kostet das?	Quanto costa? ku'anto 'kɔßta?

Auto, Motorrad

Wie viele Kilometer sind im Preis enthalten?	**Quanti chilometri sono compresi nel prezzo?** ku'anti ki'lɔmetri 'ßono kom'presi nel 'prättso?
Was muss ich tanken?	**Che tipo di carburante ci vuole?** ke 'tipo di karbu'rante tschi wu'ɔle?
Ist eine Vollkaskoversicherung eingeschlossen?	**È inclusa una polizza kasko?** ä in'klusa una 'pɔlittsa 'kaßko?
Kann ich das Auto auch in ... abgeben?	**Posso riconsegnare la macchina anche a ...?** 'pɔßßo rikonße'njare la 'makkina 'anke a ...?
Bis wann muss ich zurück sein?	**Quando devo essere di ritorno?** ku'ando 'dewo 'äßere di ri'torno?
Haben Sie einen Kinderautositz?	**Ha un seggiolino?** a un ßeddscho'lino?
Bitte geben Sie mir einen Sturzhelm.	**Mi dia un casco, per favore.** mi 'dia un 'kaßko, per fa'wore.
Haben Sie eine Straßenkarte?	**Ha una carta stradale?** a 'una 'karta ßtra'dale?

Unterwegs

Tankstelle

Wie weit ist es zur nächsten Tankstelle?	Quanto dista il distributore più vicino? ku'anto 'dißta il dißtribu'tore pju wi'tschino?
Bitte volltanken.	Il pieno, per favore! il 'pjäno, per fa'wore!
Bitte für ... Euro ▸	... euro di ▸, per favore. ... 'äuro di ▸, per fa'wore.
▸ Benzin bleifrei.	▸ benzina senza piombo ben'dsina 'ßäntsa 'pjombo
▸ Super bleifrei.	▸ benzina super senza piombo ben'dsina 'ßuper 'ßäntsa 'pjombo
▸ Super Plus bleifrei.	▸ benzina super più senza piombo ben'dsina 'ßuper pju 'ßäntsa 'pjombo
▸ Diesel.	▸ gasolio ga'ßɔljo
▸ Zweitaktmischung.	▸ miscela mi'schäla
Ich möchte 1 Liter Öl.	Vorrei un litro d'olio. wor'räi un 'litro 'dɔljo.
Ich möchte 2 Liter Öl.	Vorrei due litri d'olio. wor'räi 'due 'litri 'dɔljo.

Auto, Motorrad

Info In Italien sind viele Tankstellen nicht ganztags besetzt und haben eine lange Mittagspause. Dafür gibt es Tankautomaten, die sowohl Geldscheine als auch Kreditkarten akzeptieren. Wenn man selbst tankt (fai da te), ist es meist billiger. Diesel heißt übrigens Diesel oder Gasolio, Autogas GPL (gas di petrolio liquefatto).

Unfall

Rufen Sie bitte schnell ▶	Presto, chiami ▶ 'prästo 'kjami ▶
▶ einen Krankenwagen!	▶ un'ambulanza! unambu'lantsa!
▶ die Polizei!	▶ la polizia! la poli'tsia!
▶ die Feuerwehr!	▶ i vigili del fuoco! i 'widschili del fu'ɔko!
Es ist ein Unfall passiert!	C'è stato un incidente! tschä 'ßtato un intschi'dänte!
... Personen sind (schwer) verletzt.	... persone sono rimaste (gravemente) ferite. ... per'ßone 'ßono ri'maßte (grawe'mente) fe'rite.
Bitte helfen Sie mir.	Per favore, mi aiuti! per fa'wore, mi aj'uti!

Unterwegs

Ich brauche Verbandszeug.	**Mi servono bende, garza e cerotti.** mi 'bärwono 'bende, 'gardsa e tsche'rɔtti.
Es ist nicht meine Schuld.	**Non è colpa mia.** no'nä 'kolpa 'mia.
Ich möchte, dass wir die Polizei holen.	**Vorrei chiamare la polizia.** wor'räi kja'mare la poli'tsia.
Ich hatte Vorfahrt.	**Avevo la precedenza.** a'wewo la pretsche'däntsa.
Sie sind zu dicht aufgefahren.	**Lei non ha rispettato la distanza di sicurezza.** 'läi no'na rißpet'tato la di'ßtantsa di ßiku'rettsa.
Bitte geben Sie mir Ihre Versicherung und Ihre Versicherungsnummer.	**Mi dia il nome e il numero della sua assicurazione, per favore.** mi 'dia il 'nome e il 'numero 'della 'ßua aßßikura'tsjone, per fa'wore.
Bitte geben Sie mir Ihren Namen und Ihre Adresse.	**Mi dia il Suo nome e il Suo indirizzo, per favore.** mi 'dia il 'ßuo 'nome e il 'ßuo indi'rittso, per fa'wore.

Auto, Motorrad

Panne

Ich habe kein Benzin mehr.	Non ho più benzina. no'nɔ pju ben'dsina.
Ich habe eine Reifenpanne.	Ho forato. ɔ fo'rato.
Ich habe eine Motorpanne.	Ho un guasto al motore. ɔ un gu'aʃto al mo'tore.
Können Sie mir Starthilfe geben?	Mi potrebbe aiutare a far partire la macchina? mi po'träbbe aju'tare a far par'tire la 'makkina?
Können Sie ▸	Potrebbe ▸ po'träbbe ▸
▸ mich ein Stück mitnehmen?	▸ darmi un passaggio? 'darmi un paß'ßaddscho?
▸ meinen Wagen abschleppen?	▸ rimorchiare la mia macchina? rimor'kjare la 'mia 'makkina?
▸ mir einen Abschleppwagen schicken?	▸ mandarmi un carro attrezzi? man'darmi un 'karro at'trettsi?
Können Sie mir bitte ... leihen?	Per favore, mi potrebbe prestare ...? 'per fa'wore, mi po'träbbe pre'ßtare ...?

Werkstatt

Wo ist die nächste Werkstatt?	Dov'è l'officina più vicina? do'wä loffi'tschina pju wi'tschina?
Mein Wagen steht (an der Straße nach) ...	La mia macchina sta (sulla strada per) ... la 'mia 'makkina ßta ('ßulla 'ßtrada per) ...
Können Sie ihn abschleppen?	La potete rimorchiare? la po'tete rimor'kjare?
Können Sie mal nachsehen?	Può dare un'occhiata? pu'ɔ 'dare unok'kjata?
... funktioniert nicht.	... non funziona. ... non fun'tsjona.
Mein Auto springt nicht an.	La mia macchina non parte. la 'mia 'makkina non 'parte.
Die Batterie ist leer.	La batteria è scarica. la batte'ria ä 'ßkarika.
Der Motor ▸ ▸ klingt merkwürdig. ▸ zieht nicht.	Il motore ▸ il mo'tore ▸ ▸ fa dei rumori strani. fa 'dei ru'mori 'ßtrani. ▸ non tira. non 'tira.

Auto, Motorrad 41

Kann ich mit dem Auto noch fahren?	Posso ancora circolare con la mia macchina? 'poßo an'kora tschirko'lare kon la 'mia 'makkina?
Machen Sie bitte nur die nötigsten Reparaturen.	Faccia soltanto le riparazioni indispensabili, per favore. 'fattscha ßol'tanto le ripara'tsjoni indißpen'ßabili, per fa'wore.
Wie viel wird die Reparatur ungefähr kosten?	Quanto costerà all'incirca la riparazione? ku'anto koßte'ra allin'tschirka la ripara'tsjone?
Wann ist es fertig?	Per quando sarà pronta? per ku'ando ßa'ra 'pronta?

Weitere Wörter

Abschleppwagen	il carro attrezzi il 'karro at'trettsi
Achse	l'asse 'laße
Anlasser	il motorino d'avviamento il moto'rino dawwja'mento
Auffahrunfall	il tamponamento il tampona'mento

Unterwegs

Auspuff	lo scappamento lo ßkappa'mento
auswechseln	cambiare kam'bjare
Autobahn	l'autostrada lauto'ßtrada
Autobahnauffahrt	l'ingresso in autostrada lin'gräßßo in auto'ßtrada
Autoschlüssel	la chiave della macchina la 'kjawe 'della 'makkina
Batterie	la batteria la batte'ria
Benzinkanister	la tanica per la benzina la 'tanika per la ben'dsina
Blinklicht	la freccia la 'frettscha
Bremse	il freno il 'freno
Bremsflüssigkeit	l'olio dei freni 'lɔljo 'dei 'freni
Bremslicht	lo stop, la luce dei freni lo ßtɔp, la 'lutsche 'dei 'freni
Dichtung	la guarnizione la guarni'tsjone
Draht	il filo metallico il 'filo me'talliko
Ersatzreifen	la ruota di scorta la ru'ɔta di 'ßkɔrta
Ersatzteil	il pezzo di ricambio il 'pättso di ri'kambjo
fahren	andare an'dare
Feuerlöscher	l'estintore leßtin'tore
Frostschutzmittel	l'antigelo lanti'dschälo
Führerschein	la patente la pa'tänte

Auto, Motorrad

Gang	la marcia la 'martscha
Gepäckträger	il portabagagli il portaba'galji
Getriebe	il cambio il 'kambjo
Glühbirne	la lampadina la lampa'dina
grüne Versicherungskarte	la carta verde la 'karta 'werde
Handbremse	il freno a mano il 'freno a 'mano
Heizung	il riscaldamento il rißkalda'mento
Helm	il casco il 'kaßko
Hupe	il clacson il 'klakßon
Kabel	il cavo il 'kawo
Kanister	la tanica la 'tanika
kaputt	rotto 'rotto
Keilriemen	la cinghia trapezoidale la 'tschingia trapetsoi'dale
Kfz-Schein	il libretto di circolazione il li'bretto di tschirkola'tsjone
Kindersitz	il seggiolino per bambini il ßeddscho'lino per bam'bini
Klimaanlage	l'aria condizionata 'larja konditsjo'nata
Kotflügel	il parafango il para'fango
Kreuzschlüssel	la chiave a croce la 'kjawe a 'krotsche
Kühler	il radiatore il radja'tore

44 Unterwegs

Kühlwasser	il liquido di raffreddamento il 'likuido di raffredda'mento
Kupplung	la frizione la fri'tsjone
Kurve	la curva la 'kurwa
Lack	la vernice la wer'nitsche
Landstraße	la strada provinciale, la strada comunale la 'ßtrada prowin'tschale, la 'ßtrada komu'nale
Leerlauf	la marcia in folle la 'martscha in 'folle
Lenkung	lo sterzo lo 'ßtärtso
Licht	la luce la 'lutsche
Lichtmaschine	la dinamo la 'dinamo
Luftfilter	il filtro dell'aria il 'filtro dell'arja
Maut	il pedaggio il pe'daddscho
Mautstelle	il casello (autostradale) il ka'sällo (autoßtra'dale)
Motor	il motore il mo'tore
Motorhaube	il cofano il 'kɔfano
Motoröl	l'olio del motore 'lɔljo del mo'tore
Motorrad	la motocicletta la mototschi'kletta
Navigationssystem	navigatore (satellitare) nawiga'tore (ßatelli'tare)

Auto, Motorrad

Ölwechsel	il cambio dell'olio
	il 'kambjo del'ɔljo
parken	parcheggiare parked'dschare
Parkhaus	il garage il ga'rasch
Parkplatz	il parcheggio il par'keddscho
Parkscheibe	il disco orario il 'dißko o'rarjo
Parkuhr	il parchimetro il par'kimetro
Parkverbot	il divieto di sosta
	il di'wjäto di 'ßɔßta
Rad	la ruota la ru'ɔta
Raststätte	l'area di servizio
	'larea di ßer'witsjo
Reifen	la gomma la 'gomma
Reifendruck	la pressione delle gomme
	la preß'ßjone 'delle gomme
Reparatur	la riparazione
	la ripara'tsjone
reparieren	riparare ripa'rare
Reservekanister	la tanica di riserva
	la 'tanika di ri'ßärwa
Reservereifen	la ruota di scorta
	la ru'ɔta di 'ßkorta
Rücklicht	la luce posteriore
	la 'lutsche poßte'rjore
Rückspiegel	lo specchietto retrovisore
	lo ßpek'kjetto retrowi'sore
Schalter	l'interruttore linterrut'tore

Scheibenwischer	il tergicristallo
	il terdschikri'ßtallo
Scheiben-	le spazzole del tergicristallo
wischerblätter	le 'ßpattsole del terdschikri'ßtallo
Scheinwerfer	il faro il 'faro
Schiebedach	il tettuccio apribile
	il tet'tuttscho a'pribile
Schmirgelpapier	la carta vetrata
	la 'karta we'trata
Schneeketten	le catene da neve
	le ka'tene da 'newe
Schraube	la vite la 'wite
Schraubenschlüssel	la chiave inglese
	la 'kjawe in'glese
Schraubenzieher	il cacciavite il kattscha'wite
Sicherheitsgurt	la cintura di sicurezza
	la tschin'tura di ßiku'rettsa
Sicherung	il fusibile il fu'sibile
Spiegel	lo specchietto lo ßpek'kjetto
Starter	lo starter lo 'ßtarter
Starthilfekabel	i cavetti per l'avviamento
	i ka'wetti per lawwia'mento
Steckschlüssel	la chiave fissa a tubo
	la 'kjawe 'fißa a 'tubo
Stoßdämpfer	l'ammortizzatore
	lammortiddsa'tore

Auto, Motorrad 47

Stoßstange	il paraurti	il para'urti
Tachometer	il tachimetro	il ta'kimetro
Tankstelle	il distributore	il dißtribu'tore
Trichter	l'imbuto	lim'buto
Unfall	l'incidente	lintschi'dänte
Unfallprotokoll	il verbale dell'incidente	il wer'bale dellintschi'dänte
Ventil	la valvola	la 'walwola
Verbandskasten	la cassetta del pronto soccorso	la kaß'ßetta del 'pronto ßok'korßo
Vergaser	il carburatore	il karbura'tore
Vorfahrt	la precedenza	la pretsche'däntsa
Wagenheber	il cric	il krik
Warndreieck	il triangolo	il tri'angolo
Werkstatt	l'officina	loffi'tschina
Werkzeug	gli attrezzi	lji at'trettsi
Wohnmobil	il camper	il 'kamper
Zange	le tenaglie	le te'nalje
Zeuge	il testimone	il teßti'mɔne
Zündkabel	il cavo d'accensione	il 'kawo dattschen'ßjone
Zündkerze	la candela dell'accensione	la kan'dela dellattschen'ßjone
Zündung	l'accensione	lattschen'ßjone
Zusammenstoß	lo scontro	lo 'ßkontro

Zug

Auskunft und Fahrkarten

Wo finde ich die Gepäckaufbewahrung?	Dov'è il deposito bagagli? do'wä il de'pɔsito ba'galji
Wo finde ich die Schließfächer?	Dove sono gli armadietti per deposito bagagli? 'dowe 'ßono lji arma'djetti de'pɔsito ba'galji?
Wann fährt der nächste Zug nach ...?	Quando parte il prossimo treno per ...? ku'ando 'parte il 'prɔßßimo 'träno per ...?
Wann ist er in ...?	Quando arriva a ...? ku'ando ar'riwa a ...?
Muss ich umsteigen?	Devo cambiare? 'däwo kam'bjare?

Info Bahnfahren ist in Italien billiger als in Deutschland. Sie haben die Auswahl zwischen den regionali (Regionalzüge), den regionali veloci (eine Art Interregios), den ICs und den ECs. Inneritalienische Hochgeschwindigkeitszüge heißen Frecciarossa (ICE) bzw. Frecciargento. Sie sind zuschlags- und platzkartenpflichtig und haben manchmal nur eine Klasse. Besonders wichtig: Ticket und Platzreservierung müssen bereits vor dem Einstieg in den Zug entwertet werden.

Zug

Von welchem Gleis fährt der Zug nach ...?	Da quale binario parte il treno per ...? da ku'ale bi'nario 'parte il 'träno per ...?
Was kostet eine Fahrkarte nach ...?	Quanto costa il biglietto per ...? ku'anto 'kɔsta il bi'ljetto per ...?
Gibt es eine Ermäßigung für ...?	C'è una riduzione per ...? tschä 'una ridu'tsjone per ...?
Ist dieser Zug zuschlagpflichtig?	Per questo treno ci vuole il supplemento? per ku'eßto 'träno tschi wu'ɔle il ßupple'mento?
Bitte zwei Karten nach ...	Due biglietti per ..., per favore. due bi'ljetti per ..., per fa'wore.
Bitte eine Karte ▸	Un biglietto ▸, per favore. un bi'ljetto ▸, per fa'wore.
▸ einfach.	▸ di sola andata di 'ßola an'data
▸ hin und zurück.	▸ andata e ritorno an'data e ri'torno
▸ erster Klasse.	▸ di prima classe di 'prima 'klaßße
▸ zweiter Klasse.	▸ di seconda classe di ße'conda 'klaßße
▸ für Kinder.	▸ per bambini per bam'bini
▸ für Erwachsene.	▸ per adulti per a'dulti

Unterwegs

Bitte eine Platzkarte für den Zug um ... Uhr nach ...	Mi fa una prenotazione sul treno delle ... per ..., per favore? mi fa 'una preno'tatsjone ßul 'träno 'delle ... per ..., per fa'wore?
Ich hätte gerne einen Platz ▸	Vorrei un posto ▸ wor'räi un 'posto ▸
▸ am Fenster.	▸ accanto al finestrino. ak'kanto al fine'ßtrino.
▸ am Gang.	▸ vicino al corridoio. wi'tschino al korri'dojo.
▸ im Abteil.	▸ in uno scompartimento. in 'uno ßkomparti'mento.
▸ im Großraumwagen.	▸ in una carrozza senza scompartimenti. in 'una kar'rottsa 'ßäntsa ßkomparti'menti.

Im Zug

Ist dies der Zug nach ...?	Questo treno va a ...? ku'eßto 'träno wa a ...?
Könnten Sie mir bitte beim ▸ helfen?	Mi potrebbe aiutare a ▸, per favore? mi po'träbbe aju'tare a ▸, per fa'wore?
▸ Einsteigen	▸ salire ßa'lire
▸ Aussteigen	▸ scendere 'schendere

Zug 51

Ist dieser Platz frei?	È libero questo posto? ä 'libero ku'eßto 'poßto?
Entschuldigen Sie, das ist mein Platz.	Scusi, ma questo è il mio posto. 'ßkusi, ma ku'eßto ä il 'mio 'poßto.
Können Sie mir bitte helfen?	Mi può aiutare, per favore? mi pu'ɔ aju'tare, per fa'wore?
Wie viele Stationen sind es noch bis …?	Quante fermate ci sono ancora prima di …? ku'ante fer'mate tschi 'ßono an'kora 'prima di …?
Erreiche ich den Zug nach … noch?	Faccio ancora in tempo a prendere il treno per …? 'fattscho an'kora in 'tämpo a 'prändere il 'träno per …?

Weitere Wörter

Abfahrt	la partenza la par'täntsa
Abteil	lo scompartimento lo ßkomparti'mento
ankommen	arrivare arri'ware
Ankunft	l'arrivo lar'riwo
Anschluss	la coincidenza la kointschi'däntsa
Ausgang	l'uscita lu'schita

aussteigen	scendere 'schendere
Bahnhof	la stazione la ßta'tsjone
Bahnsteig	il marciapiede il martscha'pjäde
besetzt	occupato okku'pato
einsteigen	salire ßa'lire
Ermäßigung	la riduzione la ridu'tsjone
Fahrplan	l'orario lo'rarjo
Fahrpreis	il prezzo del biglietto il 'prättso del bi'ljetto
Fensterplatz	il posto accanto al finestrino il 'poßto ak'kanto al fine'ßtrino
Gleis	il binario il bi'narjo
Großraumwagen	la carrozza salone la kar'rottsa ßa'lone
Liegewagen	la carrozza con cuccette la kar'rottsa kon kut'tschette
reserviert	prenotato preno'tato
Schaffner	il controllore il kontrol'lore
Schlafwagen	il vagone letto il wa'gone 'lätto
Speisewagen	il vagone ristorante il wa'gone rißto'rante
umsteigen	cambiare kam'bjare
Waggon	il vagone il wa'gone
Zuschlag	il supplemento il ßupple'mento

Fernbus

Wie komme ich zum Busbahnhof?	Come posso arrivare alla stazione delle corriere?	
	'kome 'poßßo arri'ware 'alla ßta'tsjone 'delle kor'rjäre?	
Wann fährt der nächste Bus nach ...?	Quando parte il prossimo autobus per ...?	
	ku'ando 'parte il 'prɔßßimo 'autobuß per ...?	
Bitte eine Karte nach ...	Un biglietto per ..., per favore.	
	un bi'ljetto per ..., per fa'wore.	
Ist dies der Bus nach ...?	È questa la corriera per ...?	
	ä 'ku'eßta la kor'rjära per ...?	
Wie lange haben wir Aufenthalt?	Quanto tempo ci fermiamo?	
	ku'anto 'tämpo tschi fer'mjamo?	
Wie lange dauert die Fahrt?	Quanto dura il viaggio?	
	ku'anto 'dura il 'wjaddscho?	
Ist ... die Endhaltestelle?	È ... il capolinea?	
	ä ... il kapo'linea?	
Sagen Sie mir bitte, wo ich aussteigen muss?	Mi dica, per favore, dove devo scendere? mi 'dika, per fa'wore, 'dowe 'däwo 'schendere?	

Schiff & Fähre

Wann geht das nächste Schiff nach ...?	Quando parte la prossima nave per ...? ku'ando 'parte la 'proßima 'nawe per ...?
Wann geht die nächste Fähre nach ...?	Quando parte il prossimo traghetto per ...? ku'ando 'parte il 'proßimo tra'getto per ...?
Wie lange dauert die Überfahrt nach ...?	Quanto dura la traversata fino a ...? ku'anto 'dura la traver'ßata 'fino a ...?
Wann müssen wir an Bord sein?	Quando dobbiamo essere a bordo? ku'ando dob'bjamo 'äßßere a 'bordo?
Ich möchte mein Auto mitnehmen.	Vorrei imbarcare la mia macchina. wor'räi imbar'kare la 'mia 'makkina.
Eine Karte für die Rundfahrt um ... Uhr bitte.	Vorrei un biglietto per il giro (turistico) delle ... wor'räi un bi'ljetto per il 'dschiro (tu'rißtiko) 'delle ...
Bitte eine Schiffskarte nach ...	Vorrei un biglietto per ... wor'räi un bi'ljetto per ...

Schiff & Fähre

Ich möchte ▶	Vorrei ▶	wor'räi ▶
▶ eine Einzelkabine.	▶ una cabina singola.	'una ka'bina 'ßingola.
▶ eine Zweibettkabine.	▶ una cabina doppia.	'una ka'bina 'doppja.
▶ eine Außenkabine.	▶ una cabina esterna.	'una ka'bina eß'tärna.
▶ eine Innenkabine.	▶ una cabina interna.	'una ka'bina in'tärna.

An welcher Anlegestelle liegt die ...?
Dov'è approdata la nave ...? do'wä appro'data la 'nawe ...?

Haben Sie ein Mittel gegen Seekrankheit?
Ha qualcosa contro il mal di mare? a kual'kɔsa 'kontro il mal di 'mare?

Weitere Wörter

Außenkabine	la cabina esterna la ka'bina eß'tärna
Autofähre	il traghetto il tra'getto
Deck	il ponte (di coperta) il 'ponte (di ko'pärta)
Einzelkabine	la cabina singola la ka'bina 'ßingola
Kapitän	il capitano il kapi'tano
Kreuzfahrt	la crociera la kro'tschära

Unterwegs

Küste	la costa la 'kɔßta
Liegestuhl	la sedia a sdraio la 'ßädja a 'sdrajo
Luftkissenboot	l'hoverkraft 'lowerkraft
Rettungsboot	la scialuppa di salvataggio la scha'luppa di ßalwa'taddscho
Rettungsring	il salvagente il ßalwa'dschänte
Schiffsagentur	l'agenzia marittima ladschen'tsia ma'rittima
Schiffsarzt	il medico di bordo il 'mädiko di 'bordo
Schwimmweste	il giubbotto di salvataggio il dschub'botto di ßalwa'taddscho
Seegang	il mare mosso il 'mare 'mɔßßo
seekrank	che soffre il mal di mare ke 'ßɔffre il mal di 'mare
Sonnendeck	il ponte scoperto il 'ponte ßko'pärto
Speisesaal	la sala da pranzo la 'ßala da 'prandso
Steward	l'assistente di bordo laßßi'ßtänte di 'bordo
Tragflächenboot	l'aliscafo lali'ßkafo
Überfahrt	la traversata la trawer'ßata
Vierbettkabine	la cabina a quattro posti la ka'bina a ku'attro 'poßti

Nahverkehr

Wo ist ▶
Dov'è ▶ do'wä ▶

▶ die nächste U-Bahn-Station?
▶ la fermata della metropolitana più vicina? la fer'mata 'della metropoli'tana pju wi'tschina?

▶ die nächste Bushaltestelle?
▶ la fermata dell'autobus più vicina? la fer'mata del'lautobuß pju wi'tschina?

▶ die nächste Straßenbahnhaltestelle?
▶ la fermata del tram più vicina? la fer'mata del tram pju wi'tschina?

Wo hält der Bus nach ...?
Dove ferma l'autobus per ...? 'dowe 'ferma 'lautobuß per ...?

Wo hält die Straßenbahn nach ...?
Dove ferma il tram per ...? 'dowe 'ferma il tram per ...?

Welcher Bus fährt nach ...?
Quale autobus va a ...? ku'ale 'autobuß wa a ...?

Welche U-Bahn fährt nach ...?
Quale metropolitana va a ...? ku'ale metropoli'tana wa a ...?

Wann fährt der nächste Bus nach ...?
Quando passa il prossimo autobus per ...? ku'ando 'paßßa il 'prɔßßimo 'autobuß per ...?

Wann fährt die nächste Straßenbahn nach ...?	Quando passa il prossimo tram per ...? ku'ando 'paßßa il 'prɔßßimo tram per ...?
Wann fährt der letzte Bus?	Quando passa l'ultimo autobus? ku'ando 'paßßa 'lultimo 'autobuß?
Fährt dieser Bus nach ...?	Quest'autobus va a ...? kueß'tautobuß wa a ...?
Gibt es Niederflurbusse?	Ci sono autobus a pianale ribassato? tschi 'ßono 'autobuß a pja'nale ribaß'ßato?
Muss ich nach ... umsteigen?	Per andare a ... devo cambiare? per an'dare a ... 'dewo kam'bjare?
Sagen Sie mir bitte, wo ich ▸ muss?	Per favore, mi sa dire dove devo ▸ per fa'wore, mi ßa 'dire 'dowe 'däwo ▸
▸ aussteigen	▸ scendere? 'schendere?
▸ umsteigen	▸ cambiare? kam'bjare?
Wo gibt es die Fahrscheine?	Dove si comprano i biglietti? 'dowe ßi 'komprano i bi'ljetti?
Bitte einen Fahrschein nach ...	Un biglietto per ..., per favore. un bi'ljetto per ..., per fa'wore.

Nahverkehr 59

Gibt es ▶	Ci sono ▶ tschi 'ßono ▶
▶ Tageskarten?	▶ biglietti giornalieri? bi'ljetti dschorna'ljäri?
▶ Mehrfahrtenkarten?	▶ biglietti multipli? bi'ljetti 'multipli?
▶ Wochenkarten?	▶ abbonamenti settimanali? abbona'menti ßettima'nali?

Weitere Wörter

Abfahrt	la partenza la par'täntsa
aussteigen	scendere 'schendere
Bushaltestelle	la fermata dell'autobus la fer'mata del'lautobuß
Endstation	il capolinea il kapo'linea
entwerten	timbrare tim'brare
Fahrer	l'autista lau'tißta
Fahrkarte	il biglietto il bi'ljetto
Fahrkartenautomat	il distributore automatico di biglietti il dißtribu'tore auto'matiko di bi'ljetti
Fahrplan	l'orario lo'rarjo
Fahrpreis	il prezzo del biglietto il 'prättso del bi'ljetto
Fahrstuhl	l'ascensore laschen'ßore
halten	fermare fer'mare
Haltestelle	la fermata la fer'mata

60 Unterwegs

Richtung	la direzione	la diret'tsjone
Rolltreppe	la scala mobile	la 'ßkala 'mobile
Schaffner	il controllore	il kontrol'lore
stufenlos	senza scalini	'ßäntsa ßka'lini
Taxistand	il posteggio dei taxi	il poß'teddscho 'dei 'takßi
umsteigen	cambiare	kam'bjare

Taxi

Wo bekomme ich ein Taxi?	Dov'è il posteggio dei taxi? do'wä il po'ßteddscho 'dei 'taksi?
Bitte bestellen Sie mir für (morgen um) ... Uhr ein Taxi.	Mi potrebbe chiamare un taxi (per domani) per le ...? mi po'träbbe kja'mare un 'taksi (per do'mani) per le ...?
Sind Sie frei?	È libero? ä 'libero?
Bitte ▸	▸, per favore! ▸, per fa'wore!
▸ zum Bahnhof!	▸ Alla stazione 'alla ßta'tsjone
▸ zum Flughafen!	▸ All'aeroporto allaäro'pɔrto
▸ zum Hotel ...!	▸ All'hotel ... allo'täl ...
▸ in die Innenstadt!	▸ In centro in 'tschäntro
▸ in die ... Straße!	▸ In via ... in 'wia ...
▸ zu einem guten Club!	▸ Ad un club carino Ad un klub ka'rino

Taxi

Wieviel kostet es nach ...?	Quanto costa andare a ...? ku'anto 'kɔßta an'dare a ...?
Man hat mir (im Hotel) gesagt, dass es nur ... kostet.	(In albergo) Mi hanno detto che costa soltanto ... euro. (in al'bärgo) mi 'anno 'detto ke 'kɔßta ßol'tanto ... 'äuro.
Bitte schalten Sie den Taxameter ein.	Accenda il tassametro, per favore. at'tschända il taß'ßametro, per fa'wore.
Warten Sie hier bitte (einen Augenblick)!	Aspetti (un attimo) qui, per favore! a'ßpätti (un 'attimo) ku'i, per fa'wore!
Halten Sie hier bitte (einen Augenblick)!	Si fermi (un attimo) qui, per favore! ßi 'fermi (un 'attimo) ku'i, per fa'wore!
Das Wechselgeld ist für Sie!	Tenga pure il resto! 'tänga 'pure il 'räßto!

Übernachten

Zimmersuche **64**

Hotel **65**

Ferien-
wohnung **71**

Camping **72**

Weitere
Wörter **74**

Zimmersuche

Wissen Sie, wo ich hier ein Zimmer finden kann?	Mi saprebbe dire dove posso trovare una camera? mi ßa'präbbe 'dire 'dowe 'poßßo tro'ware 'una 'kamera?
Können Sie mir ► empfehlen?	Mi potrebbe consigliare ► mi po'träbbe konßi'ljare ►
► ein gutes Hotel	► un buon albergo? un bu'ɔn al'bärgo?
► ein preiswertes Hotel	► un albergo economico? un al'bärgo eko'nɔmiko?
► eine Pension	► una pensione? 'una pen'ßjone?
► eine Privatunterkunft	► un alloggio presso privati? un al'lɔddscho 'präßßo pri'wati?
Wie viel kostet es (ungefähr)?	Quanto costa (all'incirca)? ku'anto 'kɔßta (allin'tschirka)?
Ist es weit von hier?	È lontano da qui? ä lon'tano da ku'i?
Wie komme ich dorthin?	Come ci si arriva? 'kome tschi ßi ar'riwa?

Hotel 65

Können Sie für mich dort reservieren?	Mi può fare una prenotazione? mi pu'ɔ 'fare 'una prenota'tsjone?
Gibt es hier ▶	C'è ▶ qui vicino? tschä ▶ ku'i wi'tschino?
▶ eine Jugendherberge?	▶ un ostello della gioventù un o'ßtällo 'della dschowen'tu
▶ einen Campingplatz?	▶ campeggio kam'peddscho

Hotel

Ankunft

Ich habe ein Zimmer reserviert auf den Namen ...	Ho una camera prenotata a nome ... ɔ 'una 'kamera preno'tata a 'nome ...
Haben Sie ein Einzelzimmer frei?	Avete una camera singola libera? a'wete 'una 'kamera 'ßingola 'libera?

Info Wenn Sie ein Doppelzimmer bestellen, werden Sie meist eine camera matrimoniale mit einem letto matrimoniale (großes Ehebett) bekommen. Wer ein eigenes Bett bevorzugt, fragt bei der Bestellung nach einer camera doppia mit due letti singoli (zwei getrennte Betten).

Übernachten

Haben Sie ein Doppelzimmer frei ▶	Avete una camera doppia libera ▶ a'wete una 'kamera 'doppja 'libera ▶
▶ für eine Nacht?	▶ per una notte? per 'una 'nɔtte?
▶ für ... Nächte?	▶ per ... notti? per ... 'nɔtti?
▶ mit Bad?	▶ con bagno? kon 'banjo?
▶ mit Dusche?	▶ con doccia? kon 'dottscha?
▶ mit Balkon?	▶ con il balcone? kon il bal'kone?
▶ mit Klimaanlage?	▶ con l'aria condizionata? kon 'larja konditsjo'nata?
▶ mit Blick aufs Meer?	▶ con vista sul mare? kon 'wißta ßul 'mare?
▶ nach hinten hinaus?	▶ sul retro? ßul 'rätro?

Das könnten Sie hören:
Purtroppo è tutto esaurito.
pur'trɔppo ä 'tutto esau'rito.
　　　　　　　　Wir sind leider ausgebucht.

Wie viel kostet es ▶	Quanto costa ▶ ku'anto 'kɔßta ▶
▶ mit Frühstück?	▶ con la prima colazione? kon la 'prima kola'tsjone?
▶ ohne Frühstück?	▶ senza la prima colazione? 'ßäntsa la 'prima kola'tsjone?
▶ mit Halbpension?	▶ con la mezza pensione? kon la 'mäddsa pen'ßjone?
▶ mit Vollpension?	▶ con la pensione completa? kon la pen'ßjone kom'pläta?

Hotel

Gibt es für ... Nächte eine Ermäßigung?	**Fate uno sconto se pernottiamo ... notti?** 'fate 'uno 'ßkonto ße pernot'tjamo ... 'nɔtti?
Gibt es WLAN auf den Zimmern?	**C'è il WLAN nelle camere?** tschä il 'wulan 'nelle 'kamere?
Brauche ich ein Passwort?	**Mi serve una password?** mi 'serwe 'una paßßu'ɔrd?
Kann ich mir das Zimmer ansehen?	**Posso vedere la camera?** 'poßßo we'dere la 'kamera?
Haben Sie noch ein anderes Zimmer?	**Avete un'altra camera?** a'wete un'altra 'kamera?
Es ist sehr schön. Ich nehme es.	**È molto bella, la prendo.** ä 'molto 'bälla, la 'prändo.
Können Sie mein Gepäck aufs Zimmer bringen?	**Potrebbe portarmi i bagagli in camera?** po'träbbe por'tarmi i ba'galji in 'kamera?
Wo ist das Bad?	**Dov'è il bagno?** do'wä il 'banjo?
Wo kann ich meinen Wagen abstellen?	**Dove posso parcheggiare la macchina?** 'dowe 'poßßo parked'dschare la 'makkina?
Wann gibt es Frühstück?	**Quando è la prima colazione?** ku'ando ä la 'prima kola'tsjone?

Übernachten

Wo ist der ▸	Dov'è la sala ▸ do'wä la 'ßala ▸
▸ Speisesaal?	▸ da pranzo? da 'prandso?
▸ Frühstücksraum?	▸ della prima colazione? 'della 'prima kola'tsjone?
Gibt es eine Kinderbetreuung?	C'è una nursery? tschä 'una 'nerseri?

Service

Bitte den Schlüssel für Zimmer ...	La chiave della camera ..., per favore. la 'kjawe 'della 'kamera ..., per fa'wore.
Kann ich Ihnen meine Wertsachen zur Aufbewahrung geben?	Le posso lasciare in custodia i miei oggetti di valore? le 'poßßo la'schare in ku'ßtɔdja i mi'äi od'dschätti di wa'lore?
Ich möchte meine Wertsachen abholen.	Vorrei ritirare i miei oggetti di valore. wor'räi riti'rare i mi'äi od'dschätti di wa'lore.
Das Fenster geht nicht ▸	La finestra non si ▸ la fi'näßtra non ßi ▸
▸ auf.	▸ apre. 'apre.
▸ zu.	▸ chiude. 'kjude.

Hotel

Kann ich bitte noch ▶ haben?	Per favore, posso avere ▶ in più? per fa'wore, pɔßßo a'were ▶ in pju?
▶ eine Decke	▶ una coperta 'una ko'pärta
▶ ein Handtuch	▶ un asciugamano un aschuga'mano
▶ ein paar Kleiderbügel	▶ un paio di appendiabiti un 'pajo di appendi'abiti
▶ ein Kopfkissen	▶ un cuscino un ku'schino
Meine Tür lässt sich nicht abschließen.	La porta della mia camera non si chiude. la 'pɔrta 'della 'mia 'kamera non ßi 'kjude.
Es kommt kein (warmes) Wasser.	Non c'è acqua (calda). non tschä 'akkua ('kalda).
Der Wasserhahn tropft.	Il rubinetto gocciola. il rubi'netto 'gottschola.
Die Toilette ist ▶ ▶ verstopft. ▶ schmutzig.	Il gabinetto è ▶ il gabi'netto ä ▶ ▶ intasato. inta'sato. ▶ sporco. 'ßpɔrko.
... funktioniert nicht.	... non funziona. ... non fun'tsjona.
Ich habe mich aus meinem Zimmer ausgesperrt.	Mi sono chiuso fuori della camera. mi 'ßono 'kjuso fu'ɔri 'della 'kamera.

Abreise

Wecken Sie mich bitte (morgen) um ... Uhr.	Per favore, mi svegli (domani) alle ... per fa'wore, mi 'swelji (do'mani) 'alle ...
Wir reisen morgen ab.	Partiamo domani. par'tjamo do'mani.
Machen Sie bitte die Rechnung fertig.	Può preparare il conto, per favore? pu'ɔ prepa'rare il 'konto, per fa'wore?
Kann ich mit zahlen? ▸ EC-Karte ▸ Kreditkarte	Posso pagare con ▸ 'pɔßßo pa'gare kon ▸ ▸ il bancomat? il 'bankomat? ▸ carta di credito? 'karta di 'kredito?
Es war sehr schön hier.	È stato davvero bello qui. ä 'ßtato daw'wero 'bällo ku'i.
Kann ich später auschecken?	Posso tenerla un po' più a lungo? 'poßßo te'nerla un pɔ pj'u a 'lungo?
Rufen Sie bitte ein Taxi.	Può chiamare un taxi, per favore? pu'ɔ kja'mare un 'taksi, per fa'wore?

Ferienwohnung

Wir haben die Wohnung ... gemietet.	Abbiamo preso in affitto l'appartamento ... ab'bjamo 'preso in af'fitto lapparta'mento ...
Wo können wir das Auto abstellen?	Dove possiamo parcheggiare la macchina? 'dowe poß'ßjamo parked/dschare la 'makkina?
Wir brauchen noch ▸	Possiamo avere ▸ in più? poß'ßjamo a'were ▸ in pju?
▸ Bettwäsche.	▸ lenzuola lentsu'ɔla
▸ Geschirrtücher.	▸ strofinacci ßtrofi'nattschi
Wo ist der Sicherungskasten?	Dove sono le valvole di sicurezza? 'dowe 'ßono le 'walwole di ßiku'rettsa?
Entschuldigung, wie ▸ funktioniert?	Scusi, come funziona ▸ 'ßkusi, 'kome fun'tsjona ▸
▸ die Spülmaschine	▸ la lavastoviglie? la lawaßto'wilje?
▸ der Herd	▸ la cucina? la ku'tschina?
▸ die Waschmaschine	▸ la lavatrice? la lawa'tritsche?

Übernachten

Wohin kommt der Müll?	Dove si getta la spazzatura? 'dowe ßi 'dschätta la ßpattsa'tura?
Wo ist ▸	Dov'è ▸ dow'ä ▸
▸ die nächste Bushaltestelle?	▸ la fermata dell'autobus più vicina? la fer'mata dell'autobuß pju wi'tschina?
▸ ein Lebensmittelgeschäft?	▸ un negozio di alimentari? un ne'gɔtsjo di alimen'tari?
▸ eine Bäckerei?	▸ una panetteria? 'una panette'ria?

Camping

Dürfen wir auf Ihrem Grundstück zelten?	Possiamo campeggiare sul vostro terreno? poß'ßjamo kamped'dschare ßul 'wɔßtro ter'reno?
Vermieten Sie auch ▸	Affittate anche ▸ affit'tate 'anke ▸
▸ Bungalows?	▸ bungalow? 'bungalow?
▸ Wohnwagen?	▸ roulotte? ru'lɔt?
Haben Sie noch Platz für ...?	Ci sono ancora posti per ...? tschi 'ßono an'kora 'poßti per ...?

Camping

Wie hoch ist die Gebühr für ▸	Quanto si paga per ▸ ku'anto si paga per ▸
▸ zwei Erwachsene und ... Kinder?	▸ due adulti e ... bambini? 'due a'dulti e ... bam'bini?
▸ einen Pkw mit Wohnwagen?	▸ una macchina con la roulotte? 'una 'makkina kon la ru'lɔt?
▸ ein Wohnmobil?	▸ un camper? un 'kamper?
▸ ein Zelt?	▸ una tenda? 'una 'tända?
Wir möchten einen Tag bleiben.	Vorremmo rimanere un giorno. wor'remmo rima'nere un 'dschorno.
Wir möchten ... Tage bleiben.	Vorremmo rimanere ... giorni. wor'remmo rima'nere ... 'dschorni.
Wo können wir ▸ aufstellen?	Dove possiamo ▸ 'dowe poß'ßjamo ▸
▸ unser Zelt	▸ piantare la tenda? pjan'tare la 'tända?
▸ unseren Wohnwagen	▸ parcheggiare la roulotte? parked'dschare la ru'lɔt?
Wo sind die ▸	Dove sono i ▸ 'dowe 'ßono i ▸
▸ Waschräume?	▸ lavatoi? lawa'tɔi?
▸ Toiletten?	▸ gabinetti? gabi'netti?
Gibt es hier Stromanschluss?	C'è una presa di corrente? tschä 'una 'presa di kor'ränte?

Übernachten

Wo kann ich das Chemieklo entsorgen?	Dove posso svuotare il WC chimico? 'dowe 'poßßo swuo'tare il wi'tschi 'kimiko?
Kann ich hier Gasflaschen ▸	Si può ▸ bombole del gas qui? ßi puo ▸ 'bombole del gaß ku'i?
▸ kaufen?	▸ comprare 'komprare
▸ umtauschen?	▸ cambiare 'kambjare

Weitere Wörter

Abfluss	il tubo di scarico il 'tubo di 'ßkariko
abreisen	partire par'tire
Adapter	l'adattatore ladatta'tore
Anmeldung	la dichiarazione di soggiorno la dikjara'tsjone di ßod'dschorno
Anzahlung	l'anticipo lan'titschipo
Appartement	l'appartamento lapparta'mento
Aschenbecher	il posacenere il posa'tschenere
Aufzug	l'ascensore laschen'ßore
Badewanne	la vasca da bagno la 'waßka da 'banjo
Beanstandung	il reclamo il re'klamo
Besen	la scopa la 'ßkopa
Bett	il letto il 'lätto

Bettdecke	la coperta la ko'pärta
Bettlaken	il lenzuolo il lentsu'ɔlo
Bügeleisen	il ferro da stiro
	il 'fɛrro da 'ßtiro
Camping	il campeggio il kam'peddscho
Doppelbett	il letto a due piazze
	il 'lätto a 'due 'pjattse
Eimer	il secchio il 'ßekkjo
Einzelbett	il letto a una piazza
	il 'lätto a 'una 'pjattsa
Endreinigung	la pulizia finale
	la puli'tsia fi'nale
Etage	il piano il 'pjano
Etagenbetten	i letti a castello
	i 'lätti a ka'ßtällo
Fenster	la finestra la fi'näßtra
Ferienhaus	la casa per le vacanze
	la 'kasa per le wa'kantse
Ferienwohnung	l'appartamento per le vacanze
	lapparta'mento per
	le wa'kantse
Fernseher	il televisore il telewi'sore
Foyer	l'ingresso lin'gräßßo
Frühstücksbüfett	il buffet della colazione
	il buf'fä 'della kola'tsjone
Gaskartusche	la cartuccia del gas
	la kar'tuttscha del gaß

Übernachten

Gaskocher	il fornello a gas / il for'nällo a gaß
Geschirr	i piatti i 'pjatti
Geschirrtuch	lo strofinaccio / lo ßtrofi'nattscho
Glas	il bicchiere il bik'kjäre
Glühbirne	la lampadina la lampa'dina
Hammer	il martello il mar'tällo
Handtuch	l'asciugamano laschuga'mano
Hauptsaison	l'alta stagione / 'alta ßta'dschone
Heizung	il riscaldamento / il rißkalda'mento
Herd	la cucina la ku'tschina
Hering (für Zelt)	il picchetto il pik'ketto
Hotel	l'hotel, l'albergo / lo'täl, lal'bärgo
Hotelkärtchen	il bigliettino dell'albergo / il biljet'tino dellal'bärgo
Internetanschluss	il collegamento internet / il kollega'mento 'internet
Isomatte	la stuoia isolante / la ßtu'ɔja iso'lante
Jugendherberge	l'ostello della gioventù / lo'ßtällo 'della dschowen'tu
Kaffeemaschine	la macchinetta del caffè / la makki'netta del kaf'fä

Kamin	il camino il ka'mino
Kaminholz	la legna (per il camino) la 'lenja (per il ka'mino)
kaputt	rotto 'rotto
Kaution	la cauzione la kau'tsjone
Kinderbett	il lettino (per bambini) il let'tino (per bam'bini)
Kocher	il fornello il for'nällo
Kopfkissen	il cuscino il ku'schino
Kühlschrank	il frigorifero il frigo'rifero
Lampe	la lampada la 'lampada
Leihgebühr	la tariffa di noleggio la ta'riffa di no'leddscho
Licht	la luce la 'lutsche
Luftmatratze	il materassino gonfiabile il materaß'ßino gon'fjabile
Matratze	il materasso il mate'raßo
Miete	l'affitto laf'fitto
mieten	prendere in affitto 'prändere in af'fitto
Minibar	il minibar il mini'bar
Moskitonetz	la zanzariera la dsandsa'rjära
Nachsaison	la bassa stagione la 'baßßa ßta'dschone
Netzspannung	il voltaggio il wol'taddscho
Notausgang	l'uscita di emergenza lu'schita di emer'dschäntsa

78   Übernachten

Deutsch	Italienisch	Aussprache
Pfanne	la padella	la pa'dälla
Rechnung	il conto	il 'konto
reservieren	prenotare	preno'tare
reserviert	prenotato	preno'tato
Rezeption	la reception	la resep'schon
Safe	la cassaforte	la kaßa'fɔrte
Schlafsaal	il dormitorio	il dormi'tɔrjo
Schlafsack	il sacco a pelo	il 'ßakko a 'pelo
Schlüssel	la chiave	la 'kjawe
schmutzig	sporco	'ßpɔrko
Schrank	l'armadio	lar'madjo
Sessel	la poltrona	la pol'trona
Sicherung	la valvola di sicurezza	la 'walwola di ßiku'rettsa
Spiegel	lo specchio	lo 'ßpäkkjo
Spülung	lo sciacquone	lo schakku'one
Steckdose	la presa (della corrente)	la 'presa ('della kor'ränte)
Stecker	la spina	la 'ßpina
Stuhl	la sedia	la 'ßädja
Swimmingpool	la piscina	la pi'schina
Telefon	il telefono	il te'läfono
Terrasse	la terrazza	la ter'rattsa
Tisch	il tavolo	il 'tawolo
Toilette	il gabinetto	il gabi'netto
Toilettenpapier	la carta igienica	la 'karta i'dschänika

Weitere Wörter

Deutsch	Italienisch	Aussprache
Topf	la pentola	la 'pantola
Trinkwasser	l'acqua potabile	'lakkua po'tabile
Ventilator	il ventilatore	il wentila'tore
Verlängerungskabel	la prolunga	la pro'lunga
Verlängerungswoche	la settimana supplementare	la ßetti'mana ßupplemen'tare
Voranmeldung	la prenotazione	la prenota'tsjone
Vorsaison	la bassa stagione	la 'baßßa ßta'dschone
Waschbecken	il lavandino	il lawan'dino
waschen	lavare	la'ware
Wäschetrockner	l'asciugabiancheria	laschugabjanke'ria
Waschmaschine	la lavatrice	la lawa'tritsche
Waschraum	la lavanderia	la lawande'ria
Wasser	l'acqua	'lakkua
Wasserhahn	il rubinetto (dell'acqua)	il rubi'netto (del'lakkua)
Wasserkocher	il bollitore	il bolli'tore
Wohnmobil	il camper	il 'kamper
Wohnwagen	la roulotte	la ru'lɔt
Zelt	la tenda	la 'tända
zelten	campeggiare	kamped'dschare
Zimmer	la camera	la 'kamera

Essen & Trinken

Speisekarte **82**

Restaurant-
suche **104**

Bestellen **105**

Bei Tisch **108**

Reklamieren
109

Bezahlen **110**

Weitere
Wörter **111**

Colazione

Frühstück

burro 'burro	Butter
cornetto kor'netto	Croissant
formaggio for'maddscho	Käse
frittata frit'tata	Omelett
marmellata marmel'lata	Marmelade
miele m'jele	Honig
muesli 'musli	Müsli
pane 'pane	Brot
panino pa'nino	Brötchen
tè tä	Tee
toast toßt	Toast
tortino di carciofi tor'tino di kar'tschɔfi	Eierkuchen mit Artischocken
uova strapazzate u'ɔwa ßtrapat'tsate	Rühreier
uovo u'ɔwo	Ei
uovo alla coque u'ɔwo 'alla kɔk	weich gekochtes Ei
uovo al tegamino u'ɔwo al tega'mino	Spiegelei
uovo sodo u'ɔwo 'ßɔdo	hart gekochtes Ei
yoghurt 'jɔgurt	Joghurt

Antipasti

Vorspeisen

acciughe at'tschuge	Anchovis, Sardellen
affettato (misto) affet'tato ('mißto)	(gemischter) Aufschnitt
carciofini kartscho'fini	Artischockenherzen
carpaccio kar'pattscho	dünnes rohes Fleisch, mit Zitronensaft und Öl mürbe gemacht
crostini kro'ßtini	belegte geröstete Brotschnitten
funghi sott'olio 'fungi sot'tɔljo	in Öl eingelegte Pilze
gamberetti gambe'retti	Garnelen
insalata inßa'lata	Salat
peperonata pepero'nata	gedünstete Paprikaschoten, Tomaten und Zwiebeln
pinzimonio pintsi'mɔnjo	rohes Gemüse, das in Salz, Pfeffer und Öl eingetunkt wird
prosciutto con fichi freschi pro'schutto kon 'fiki 'freski	Schinken mit frischen Feigen
prosciutto cotto pro'schutto 'kɔtto	gekochter Schinken

prosciutto crudo	roher Schinken
pro'schutto 'krudo	
prosciutto e melone	Schinken mit Melone
pro'schutto e me'lone	
salame ßa'lame	Salami
sottaceti sotta'tscheti	in Essig eingemachtes Gemüse
tartine tar'tine	belegte Brotschnitten
tonno e fagioli	Bohnensalat mit Thunfisch und Zwiebeln
'tonno e fa'dschɔli	

Minestre

Suppen

brodo di carne	Fleischbrühe
'brɔdo di 'karne	
consommé konßo'mä	Kraftbrühe
crema di carote	Möhrencremesuppe
'kräma di ka'rɔte	
minestra mi'näßtra	Suppe
minestra di verdura	Gemüsesuppe
mi'näßtra di wer'dura	
minestrone mine'ßtrone ..	dicke Gemüsesuppe
pasta e fagioli	Bohnensuppe mit Nudeln
'paßta e fa'dschɔli	
pastina in brodo	Brühe mit Nudeln
pa'ßtina in 'brɔdo	

Insalate
Salate

insalata caprese	Mozzarella mit Tomaten
inßaˈlata kaˈprese	und Basilikum
insalata di cetrioli	Gurkensalat
inßaˈlata di tscheˈtrɔli	
insalata di pomodori	Tomatensalat
inßaˈlata di pomoˈdɔri	
insalata mista	gemischter Salat
inßaˈlata ˈmißta	

Carni
Fleischgerichte

abbacchio abˈbakkjo	Milchlamm
agnello aˈnjällo	Lamm
anatra all'arancia	Ente mit Orange
ˈanatra allaˈrantscha	
arrosto misto	Bratenplatte mit ver-
arˈrɔßto ˈmißto	schiedenen Fleischsorten
bistecca ai ferri	Steak auf dem Rost
biˈßtekka ai ˈfärri	gebraten
bistecca alla fiorentina	sehr dickes Steak vom
biˈßtekka ˈalla fjorenˈtina	Filet, englisch gebraten
bistecca biˈßtekka	Steak

brasato bra'sato	Rindfleisch in Wein geschmort
capriolo kapri'ɔlo	Reh
cervello tscher'wällo	Hirn
coniglio ko'niljo	Kaninchen
coscia di vitello 'kɔscha di wi'tällo	Kalbskeule
costata ko'ßtata	Rippenstück
costata di manzo ko'ßtata di 'mandso	Rumpsteak
costoletta kosto'letta	Kotelett, Rippchen
cotoletta alla milanese koto'letta 'alla mila'nese	Wiener Schnitzel
cotoletta koto'letta	Kotelett
fagiano fa'dschano	Fasan
faraona fara'ona	Perlhuhn
fegato alla veneziana 'fegato 'alla wene'tsjana	Leber mit Zwiebeln und Weißwein
fesa di vitello 'fesa di witällo	Kalbschnitzel aus der Keule
fettina fet'tina	dünnes Schnitzel
filetto fi'letto	Filet
frattaglie frat'talje	Innereien
gallina gal'lina	Huhn
involtini inwol'tini	Rouladen
lombata arrosto lom'bata ar'rɔßto	Lendenbraten
maiale ma'jale	Schweinefleisch

Speisekarte

maialino da latte	Spanferkel
maja'lino da 'latte	
manzo 'mandso	Ochse
manzo 'mandso	Rindfleisch
montone mon'tone	Hammel
oca 'ɔka	Gans
ossobuco	Rind- oder Kalbshaxe
oßßo'buko	in Scheiben
petto di pollo	Hühnerbrust
'pätto di 'pollo	
petto di vitello	Kalbsbrust
'pätto di wi'tällo	
piccione ripieno	gefüllte Taube
pit'tschone ri'pjäno	
pollo 'pollo	Hähnchen
pollo allo spiedo	gegrilltes Hähnchen
'pollo 'allo 'ßpjädo	
pollo arrosto	Brathähnchen
'pollo ar'rɔßto	
polpette pol'pette	Fleischklößchen
polpettone polpet'tone	falscher Hase, Hackbraten
porcellino da latte	Spanferkel
portschel'lino da 'latte	
ragù ra'gu	Ragout
rognoni di vitello	Kalbsnieren
ro'njoni di wit'ällo	
salsicce ßal'ßittsche	Würstchen
salsiccia ßal'ßittscha	Wurst

saltimbocca alla romana ... ßaltim'bɔkka 'alla ro'mana	Kalbsschnitzel mit Schinken und Salbei
scaloppine ßkalop'pine	kleine Schnitzel
spezzatino in umido .... ßpettsa'tino in 'umido	Gulasch in Tomatensoße geschmort
spiedini alla griglia .... ßpje'dini 'alla 'grilja	gegrillte Fleischspieße
stufato ßtu'fato	Schmorbraten
tacchino tak'kino	Truthahn
trippa 'trippa	Kutteln
vitello wi'tällo	Kalbfleisch
vitello tonnato .... wi'tällo ton'nato	gekochtes Kalbfleisch mit einer Soße aus Thunfisch und Kapern

Pesce

Fisch

anguilla angu'illa	Aal
aringa a'ringa	Hering
baccalà bakka'la	Stockfisch
branzino bran'dzino	Seebarsch
carpa 'karpa	Karpfen
cefalo 'tschäfalo	Meeräsche
cernia 'tschärnia	Zackenbarsch
coda di rospo .... 'koda di 'rɔßpo	Seeteufel

Speisekarte

frittura di pesce	in Öl ausgebackene
frit'tura di 'pesche	Fische
luccio 'luttscho	Hecht
merluzzo mer'luttso	Kabeljau
nasello na'sällo	Seehecht
orata o'rata	Dorade, Goldbrasse
pagello pa'dschällo	Meerbrasse
pesce persico	Flussbarsch
'pesche 'perßiko	
pesce spada	Schwertfisch
'pesche 'ßpada	
rombo 'rombo	Steinbutt
salmone ßal'mone	Lachs
sarde, sardine	Sardinen
'ßarde, ßar'dine	
scorfano 'ßkɔrfano	Drachenkopf
sgombro 'sgombro	Makrele
sogliola alla mugnaia	Seezunge
'ßɔljola 'alla mu'njaja	Müllerin Art
spigola 'ßpigola	Seebarsch
stoccafisso stokka'fißßo	Stockfisch
storione ßto'rjone	Stör
tonno 'tonno	Thunfisch
triglia 'trilja	Barbe
trota al cartoccio	Forelle, in der Folie
'trɔta al kar'tɔttscho	gebacken
zuppa di pesce	Fischsuppe
'dsuppa di 'pesche	

Frutti di mare
Meeresfrüchte

aragosta ara'goßta	Languste
astice 'aßtitsche	Hummer
calamaretti	Baby-Calamari
kalama'retti	
calamari kala'mari	Tintenfische
cozze 'kɔttse	Miesmuscheln
frittura mista	frittierte
frit'tura 'mista	Meeresfrüchte
frutti di mare	Meeresfrüchte
'frutti di 'mare	
gamberi 'gamberi	Garnelen, Krabben
gamberi di fiume	Flusskrebse
'gamberi di 'fjume	
gambero 'gambero	Krebs
granchio 'grankjo	Krabbe
ostriche 'ɔßtrike	Austern
polpo 'polpo	Krake
riccio di mare	Seeigel
'rittscho di 'mare	
scampi 'ßkampi	Scampi
seppie 'ßeppje	Sepien
seppie 'ßeppje	Tintenfische
vongole 'wongole	Venusmuscheln

Pasta e riso

Nudel- und Reisgerichte

agnolotti anjo'lɔtti	Teigtaschen mit Fleischfüllung
cannelloni kannel'loni	mit Fleisch gefüllte, überbackene Nudelrollen
fettuccine fettut'tschine	Bandnudeln
fusilli fu'silli	spiralig gedrehte Nudeln
gnocchi 'njɔkki	Kartoffelklößchen
lasagne la'sanje	Teigblätter mit Fleischsoße überbacken
pappardelle alla lepre pappar'dälle 'alla 'lepre	breite Bandnudeln mit Hasenragout
pasta al burro (in bianco) 'paßta al 'burro (in 'bjanko)	Nudelgericht mit Butter oder Olivenöl und Käse
pasta alla carbonara 'paßta 'alla karbo'nara	Nudelgericht mit Ei und Bauchspeck
pasta all'amatriciana 'paßta allamatri'tschana	Nudelgericht mit Tomatensoße, Schweinebauch, Zwiebeln und Schafskäse
pasta all'arrabbiata 'paßta allarrab'bjata	Nudelgericht mit Tomatensoße und Chilischoten, scharf
pasta alle vongole 'paßta 'alle 'wongole	Nudelgericht mit Venusmuscheln

pasta al pesto .... 'paßta al 'peßto	Nudelgericht mit Basilikum, Pinienkernen, Käse
pasta al pomodoro .... 'paßta al pomo'dɔro	Nudelgericht mit Tomatensoße
pasta al sugo .... 'paßta al 'ßugo	Nudelgericht mit Fleischsoße
penne 'penne	kurze Nudeln
risi e bisi 'risi e 'bisi	Reisgericht mit Erbsen, venezianisch
risotto ai funghi (porcini) ri'sɔtto ai 'fungi (por'tschini)	Risotto mit (Stein-)Pilzen
risotto alla marinara .... ri'sɔtto 'alla mari'nara	Risotto mit Meeresfrüchten
risotto alla milanese ri'sɔtto 'alla mila'nese	Risotto mit Safran
tagliolini taljo'lini	dünne Bandnudeln
tris di primi triß di 'primi ..	Kostprobe von drei Nudelgerichten
vermicelli wermi'tschälli ..	Fadennudeln

Contorni

Beilagen

crocchette di patate .... krok'kette di pa'tate	Kroketten
patate pa'tate	Kartoffeln

patate arroste	Kartoffeln, im Ofen
pa'tate ar'rɔßte	gebacken
patate fritte	Pommes frites
pa'tate 'fritte	
patate lesse	Salzkartoffeln
pa'tate 'leßße	
polenta po'länta	Polenta, Maisbrei
riso 'riso	Reis

Verdura

Gemüse

asparagi a'ßparad<u>s</u>chi	Spargel
barbabietola rossa	Rote Bete
barba'bjätola 'roßßa	
bietole 'bjätole	Mangold
carciofi fritti	Artischocken, in dünnen
kar'tschɔfi 'fritti	Teig getunkt und in Fett
	ausgebacken
carciofi kar'tschɔfi	Artischocken
cavolfiore kawol'fjore	Blumenkohl
ceci 'tschetschi	Kichererbsen
cicoria tschi'kɔrja	Chicorée
fagioli bianchi di Spagna	weiße Bohnen
fa'd<u>s</u>chɔli 'bjanki di 'ßpanja	
fagioli fa'd<u>s</u>chɔli	Bohnen
fagiolini fad<u>s</u>cho'lini	grüne Bohnen

finocchi fi'nɔkki	Fenchel
funghi 'fungi	Pilze
funghi coltivati 'fungi kolti'wati	Champignons
funghi porcini 'fungi por'tschini	Steinpilze
funghi trifolati 'fungi trifo'lati	sehr dünn geschnittene, mit Petersilie und Knoblauch gekochte Pilze
indivia in'diwja	Endivie
lenticchie len'tikkje	Linsen
melanzane alla parmigiana melan'dsane 'alla parmi'dschana	Auberginen, frittiert und mit Parmesan und Tomatensoße überbacken
melanzane melan'dsane	Auberginen
peperonata pepero'nata	Paprika, dünn geschnitten und mit Zwiebeln und Tomaten gekocht
peperoni pepe'roni	Paprikaschoten
piselli pi'sälli	Erbsen
pomodori pomo'dɔri	Tomaten
rucola 'rukola	Rucola
spinaci ßpi'natschi	Spinat
zucchine tsuk'kine	Zucchini
zucchine ripiene tsuk'kine ri'pjäne	Zucchini, gefüllt und überbacken

Modi di preparazione
Zubereitungsarten

affumicato	affumi'kato	geräuchert
al forno	al 'forno	gebacken
alla brace	'alla 'bratsche	gegrillt
alla griglia	'alla 'grilja	gegrillt
allo spiedo	'allo 'ßpjado	am Spieß
al vapore	al wa'pore	gedämpft
arrosto	ar'rɔßto	gebraten
arrosto	ar'rɔßto	geröstet
fatto in casa	'fatto in 'kasa	hausgemacht
flambé	flam'be	flambiert
gratinato	grati'nato	überbacken
impanato	impa'nato	paniert
in umido	in 'umido	geschmort
marinato	mari'nato	eingelegt, mariniert
stufato	ßtu'fato	gedämpft, gedünstet

Dolci
Nachtisch

bignè al caffè	bi'njä al kaf'fä	Windbeutel mit Mokkacremefüllung
budino	bu'dino	Pudding

cioccolatino tschokkola'tino	Praline
crema 'kräma	Creme, gekocht aus Milch, Eiern und Zucker
crème caramel 'kräm kara'mäl	Karamellpudding
fragole con la panna 'fragole kon la 'panna	Erdbeeren mit Schlagsahne
macedonia matsche'dɔnja	Obstsalat
mousse al cioccolato muß al tschokko'lato	Schokoladencreme
torta di mele 'torta di 'mele	Apfelkuchen
zabaione dsaba'jone	Eischaum mit Marsalawein
zuppa inglese 'tsuppa in'glese	Süßspeise aus Creme und in Kaffee oder Likör getränkten Löffelbiskuits

Torte e pasticcini
Kuchen und Gebäck

amaretti ama'retti	Makronen, Mandelgebäck
babà al rum ba'ba al rum	mit Rum getränkter Hefekuchen

Speisekarte

bombolone	Krapfen
bombo'lone	
brioche bri'ɔsch	Hörnchen
ciambella tscham'bälla	ausgebackener Hefeteigkringel
crostata kro'ßtata	Mürbeteigkuchen, mit Marmelade gefüllt
diplomatico	Sandkuchen, mit Creme und Likör getränkt
diplo'matiko	
krapfen 'krafen...............	Krapfen
meringa me'ringa	Baiser
pan di Spagna	Sandkuchen
pan di 'ßpanja	
panna montata	Schlagsahne
'panna mon'tata	
pasticcini paßtit'tschini	Teegebäck
sfogliatella	Blätterteiggebäck, mit Marmelade oder Creme gefüllt
ßfolja'tälla	
torta al cioccolato	Schokoladenkuchen
'torta al tschokko'lato	
torta alla frutta	Obstkuchen
'torta 'alla 'frutta	
torta di mandorle	Mandelkuchen
'torta di 'mandorle	
torta 'torta	Torte

Gelati

Eis

cassata kaß'ßata	Eis mit kandierten Früchten
gelato affogato dsche'lato affo'gato	Eis mit Likör oder Kaffee übergossen
gelato alla frutta dsche'lato 'alla 'frutta	Fruchteis
gelato fior di latte dsche'lato 'fjor di 'latte	Sahneeis
gelato fior di latte con la panna dsche'lato 'fjor di 'latte kon la 'panna	Sahneeis mit Schlagsahne
gelato dsche'lato	Eis
ghiacciolo gjat'tschɔlo	Wassereis
granita gra'nita	gekörntes Fruchteis
semifreddo ßemi'freddo	halbgefrorenes Eis oder Kuchen
tartufo tar'tufo	Eis mit Schokoladenüberzug
torta gelato 'torta dsche'lato	Eistorte

Formaggi
Käse

caprino	ka'prino	Ziegenkäse
gorgonzola	gorgon'dsɔla	Gorgonzola
parmigiano	parmi'dschano	Parmesankäse
pecorino	peko'rino	Schafskäse
stracchino	ßtrak'kino	milder Streichkäse

Frutta
Obst

albicocca	albi'kɔkka	Aprikose
arancia	a'rantscha	Orange
ciliege	tschi'ljädsche	Kirschen
cocomero	ko'komero	Wassermelone
fichi	'fiki	Feigen
fragole	'fragole	Erdbeeren
lamponi	lam'poni	Himbeeren
limone	li'mone	Zitrone
mandarino	manda'rino	Mandarine
melone	me'lone	Melone
pera	'pera	Birne
pesca	'päßka	Pfirsich
uva	'uwa	Weintrauben

Bevande analcoliche
Alkoholfreie Getränke

acqua minerale .... Mineralwasser
'akkua mine'rale

acqua minerale gassata .... Mineralwasser mit
'akkua mine'rale gaß'ßata   Kohlensäure

acqua minerale .... Mineralwasser ohne
non gassata 'akkua   Kohlensäure
mine'rale non gaß'ßata

aranciata aran'tschata ...... Orangeade

frappé frap'pä .... Milchmixgetränk

gazzosa gad'dsosa .... Sprudel

limonata limo'nata .... Limonade

orzata or'dsata .... süßer Mandelsirup

spremuta di arancia .... frisch gepresster
ßpre'muta di a'rantscha   Orangensaft

spremuta di limone .... frisch gepresster
ßpre'muta di li'mone   Zitronensaft

succo d'arancia .... Orangensaft
'ßukko da'rantscha

succo di frutta .... Fruchtsaft
'ßukko di 'frutta

succo di mele .... Apfelsaft
'ßukko di 'mele

succo 'ßukko .... Saft

Bevande alcoliche

Alkoholische Getränke

amaretto	ama'retto	süßer Mandellikör
amaro	a'maro	Magenbitter
aperitivo	aperi'tiwo	Aperitif
birra	'birra	Bier
birra alla spina	'birra 'alla 'ßpina	Bier vom Fass
birra chiara	'birra 'kjara	helles Bier
birra scura	'birra 'ßkura	dunkles Bier
brandy	'brändi	Kognak, Weinbrand
demi-sec	demi'ßäk	halbtrocken
digestivo	di'dsche'ßtiwo	Digestif, Verdauungsschnaps
dolce	'doltsche	süß
forte	'fɔrte	stark
grappa	'grappa	Branntwein aus Weintrester
leggero	led'dschäro	leicht
liquore	liku'ɔre	Likör
marsala	mar'ßala	süßer oder herber Likörwein aus Sizilien
prosecco	pro'ßekko	Schaumwein, Sekt
rum	rum	Rum
sambuca	ßam'buka	Likör mit Anisgeschmack
secco	'ßekko	trocken

spumante ßpu'mante	Schaumwein, Sekt
stravecchio ßtra'wäkkjo	Kognak
vino 'wino	Wein
vino bianco 'wino 'bjanko	Weißwein
vino D.O.C (a denominazione di origine controllata) 'wino dɔk (a denomina'tsjone di o'ridschine kontrol'lata)	Qualitätswein b.A.
vino da tavola 'wino da 'tawola	Tafelwein
vino della casa 'wino 'della 'kasa	offener Tafelwein
vino frizzante 'wino frid'dsante	Schaumwein, Sekt
vino in bottiglia 'wino in bot'tilja	Flaschenwein
vino rosé 'wino ro'se	Rosé
vino rosso 'wino 'roßßo	Rotwein
vinsanto win'ßanto	süßer oder herber Likörwein aus der Toskana
vodka 'wɔdka	Wodka

Bevande calde
Heiße Getränke

caffè (espresso) .... kaf'fä (e'ßpräßo)	Espresso
caffè corretto .... kaf'fä kor'ratto	Espresso mit einem Schuss Schnaps
caffè lungo .... kaf'fä 'lungo	Espresso mit etwas Wasser verdünnt
caffè macchiato .... kaf'fä mak'kjato	Espresso mit etwas Milch
caffè ristretto .... kaf'fä ri'ßtretto	besonders starker Kaffee
camomilla kamo'milla	Kamillentee
cappuccino .... kapput'tschino	Espresso mit schaumiger Milch
cioccolata tschokko'lata ...	Trinkschokolade
latte 'latte	Milch
latte macchiato .... 'latte mak'kjato	Milch mit etwas Kaffee
tè al latte tä al 'latte	Tee mit Milch
tè al limone tä al li'mone ..	Tee mit Zitrone
tisana ti'sana	Kräutertee

Restaurantsuche

Wo gibt es hier in der Nähe ▶	Scusi, c'è ▶ qui vicino? 'ßkusi, tschä ▶ ku'i wi'tschino?
▶ ein Café?	▶ un bar un bar
▶ eine Kneipe?	▶ una birreria 'una birre'ria
▶ ein preiswertes Restaurant?	▶ un ristorante non troppo caro un rißto'rante non 'trɔppo 'karo
▶ ein typisches Restaurant?	▶ un ristorante tipico un rißto'rante 'tipiko
▶ einen Schnellimbiss?	▶ uno snack bar 'uno snäk bar
Einen Tisch für ... Personen bitte.	Un tavolo per ... persone, per favore. un 'tawolo per ... per'ßone, per fa'wore.
Ist dieser ▶ noch frei?	È libero questo ▶ ä 'libero ku'eßto ▶
▶ Tisch	▶ tavolo? 'tawolo?
▶ Platz	▶ posto? 'poßto?
Haben Sie einen Hochstuhl?	Avete un seggiolone? a'wete un ßed<u>d</u>scho'lone?
Entschuldigung, wo sind die Toiletten?	Scusi, dove sono le toilette? 'ßkusi, 'dowe 'ßono le tua'lät?

Bestellen

Ist hier Selbstbedienung?	È self-service? ä ßelf'ßärwiß?
Die Karte bitte.	Mi porta il menù, per favore. mi 'pɔrta il me'nu, per fa'wore.
Haben Sie die Speisekarte auch auf ▶	Avete il menu anche in ▶ a'wete il me'nu 'anke in ▶
▶ Deutsch?	▶ tedesco? te'deßko?
▶ Englisch?	▶ inglese? in'glese?
Ich möchte nur etwas trinken.	Vorrei soltanto bere qualcosa. wor'räi ßol'tanto 'bere kual'kɔsa.
Gibt es jetzt noch etwas zu essen?	C'è ancora qualcosa da mangiare? tschä an'kora kual'kɔsa da man'dschare?

Das könnten Sie hören:
Che cosa desidera bere?
ke 'kɔsa de'ßidera 'bere?
                      Was möchten Sie trinken?

Info   Die Bedienung rufen Sie einfach mit Senta! oder Senta, scusi! Nicht mehr so üblich sind Cameriere! (Kellner) und Cameriera! (Kellnerin).

Essen & Trinken

Ich möchte ▶ Vorrei ▶ wo'räi ▶
- ein Glas Rotwein. ▶ un bicchiere di vino rosso.
  un bik'kjäre di 'wino 'roßßo.
- eine Flasche ▶ una bottiglia di vino bianco.
  Weißwein. 'una bot'tilja di 'wino 'bjanko.
- einen Liter ▶ un litro di vino della casa.
  Hauswein. un 'litro di 'wino 'della 'kasa.
- einen halben Liter ▶ mezzo litro di vino della casa.
  Hauswein. 'mäddso 'litro di 'wino 'della 'kasa.
- ein Viertel Rosé. ▶ un quarto di vino rosé.
  un ku'arto di 'wino ro'sä.
- eine Karaffe ▶ una caraffa d'acqua.
  Wasser. 'una ka'raffa 'dakkua.
- eine kleine Flasche ▶ una bottiglia piccola d'acqua
  Mineralwasser. minerale. 'una bot'tilja
  'pikkola 'dakkua mine'rale.

[*Das könnten Sie hören:*
Che cosa desidera mangiare?
ke 'kɔsa de'ßidera man'dschare?
                    Was möchten Sie essen?

Ich möchte ▶ Vorrei ▶ wo'räi ▶
- das Menü zu ... ▶ il menù da ... euro.
  Euro. il me'nu da ... 'äuro.
- eine Portion ... ▶ una porzione di ...
  'una por'tsjone di ...
- ein Stück ... ▶ un pezzo di ...
  un 'pättso di ...

Bestellen

Was ist heute das Tagesgericht?	Qual è il piatto del giorno? kuaˈlä il ˈpjatto del ˈdschorno?
Was sind die Spezialitäten dieser Region?	Quali sono le specialità di questa regione? kuˈali ˈßono le ßpetschaliˈta di kuˈeßta reˈdschone?
Haben Sie ▶	Avete ▶ aˈwete ▶
▶ diabetische Kost?	▶ cibi per diabetici? ˈtschibi per djaˈbätitschi?
▶ Diätkost?	▶ cibi dietetici? ˈtschibi djeˈtätitschi?
▶ vegetarische Gerichte?	▶ piatti vegetariani? ˈpjatti wedschetaˈrjani?
Ist ... in dem Gericht? Ich darf das nicht essen.	C'è ... in questo piatto? Non lo posso mangiare. tschä ... in kuˈeßto ˈpjatto? non lo ˈpɔßßo manˈdschare.
Für mich bitte ohne ...	Per me senza ... per me ˈßäntsa ...
Kann ich ... statt ... haben?	Posso avere ... invece di ...? pɔßßo aˈwere ... inˈwetsche di ...?
Ich möchte noch etwas Brot.	Vorrei un altro po' di pane. worˈräi un ˈaltro pɔ di ˈpane.

Bitte bringen Sie mir noch …	Per favore, mi porti ancora … per fa'wore, mi 'pɔrti an'kora …
Können wir für die Kinder eine halbe Portion bekommen?	È possibile avere una mezza porzione per i bambini? ä poß'ßibile a'were 'una 'mäddsa por'tsjone per i bam'bini?

Bei Tisch

Guten Appetit!	Buon appetito! bu'ɔn appe'tito!
Danke, gleichfalls!	Grazie, altrettanto. 'gratsje, altret'tanto.
Zum Wohl!	(Alla) Salute! ('alla) ßa'lute!

Das könnten Sie hören:

Le | Ti piace? le | ti 'pjatsche?	Schmeckt es Ihnen | dir ?
Danke, sehr gut.	È molto buono, grazie. ä 'molto bu'ɔno, 'gratsje.
Was ist das?	Che cos'è? ke kɔ'sä?
Ich möchte Sie | dich einladen.	La | Ti vorrei invitare. la | ti wor'räi inwi'tare.
Danke für die Einladung.	Grazie per l'invito. 'gratsje per lin'wito.

Reklamieren

Das habe ich nicht bestellt. Ich wollte ...	Non ho ordinato questo, io volevo ... noˈnɔ ordiˈnato kuˈeßto, ˈio woˈlewo ...
Haben Sie mein ... vergessen?	Avete dimenticato il mio ...? aˈwete dimentiˈkato il ˈmio ...?
Haben Sie unser ... vergessen?	Avete dimenticato il nostro ...? aˈwete dimentiˈkato il ˈnɔstro ...?
Hier fehlt noch ...	Manca ancora ... ˈmanka anˈkora ...
Das Essen ist ▶	Questo piatto è ▶ kuˈeßto ˈpjatto ä ▶
▶ kalt.	▶ freddo. ˈfreddo.
▶ versalzen.	▶ troppo salato. ˈtrɔppo ßaˈlato.
Das Fleisch ist nicht lang genug gebraten.	La carne non è abbastanza cotta. la ˈkarne noˈnä abbaˈßtantsa ˈkɔtta.
Das Fleisch ist zäh.	La carne è dura. la ˈkarne ä ˈdura.
Bitte nehmen Sie es zurück.	Lo riporti indietro, per favore. lo riˈporti inˈdjätro, per faˈwore.

Bezahlen

Die Rechnung bitte!	Il conto, per favore. il 'konto, per fa'wore.
Ich hätte gerne eine Quittung.	Mi fa una ricevuta, per favore? mi fa 'una ritsche'wuta, per fa'wore?
Wir möchten getrennt bezahlen.	Ci fa conti separati, per favore. tschi fa 'konti ßepa'rati, per fa'wore.
Bitte alles zusammen.	Un conto unico, per favore. un 'konto 'uniko, per fa'wore.

Das könnten Sie hören:
È stato di Vostro gradimento?
ä 'ßtato di 'wɔßtro gradi'mento?
Hat es Ihnen geschmeckt?

Es war ausgezeichnet.	È stato eccellente. ä 'ßtato ettschel'länte.

Info Wenn Italiener mit Freunden ausgehen, bezahlen sie meist zusammen. Soll getrennt bezahlt werden, so nennt man dies auch pagare alla romana (auf römische Art bezahlen). Das Trinkgeld (la mancia) von bis zu 10 % des Rechnungsbetrags legt man beim Verlassen des Restaurants einfach auf den Tisch.

Ich glaube, hier stimmt etwas nicht.	**Mi sembra che ci sia un errore.** mi 'ßembra ke tschi 'ßia un er'rore.
Es stimmt so.	**Tenga pure il resto.** 'tänga 'pure il 'rästo.
Vielen Dank.	**Molte grazie.** 'molte 'gratsje.

Weitere Wörter

Abendessen	**la cena** la 'tschena
Aschenbecher	**il posacenere** il posa'tschenere
Besteck	**le posate** le po'sate
bitter	**amaro** a'maro
durstig sein	**avere sete** a'were 'ßete
essen	**mangiare** man'dschare
Essen	**il mangiare** il man'dschare
Essig	**l'aceto** la'tscheto
fett	**grasso** 'graßßo
Fläschchenwärmer	**lo scaldabiberon** lo ßkaldabibe'rɔn
frisch	**fresco** 'freßko
frühstücken	**fare colazione** 'fare kola'tsjone
Gabel	**la forchetta** la for'ketta
Gang	**la portata** la por'tata
Gedeck	**il coperto** il ko'pärto

Essen & Trinken

Gericht	il piatto il 'pjatto
gewürzt	condito kon'dito
Gräte	la spina di pesce la 'ßpina di 'pesche
Hauptgericht	il secondo il ße'kondo
hausgemacht	fatto in casa 'fatto in 'kasa
heiß	caldo 'kaldo
hungrig sein	avere fame a'were 'fame
kalt	freddo 'freddo
Kinderteller	la porzione per bambini la por'tsjone per bam'bini
Kneipe	la birreria la birre'ria
Löffel	il cucchiaio il kuk'kjajo
mager	magro 'magro
Mayonnaise	la maionese la majo'nese
Messer	il coltello il kol'tällo
Mittagessen	il pranzo il 'prandso
Öl	l'olio 'lɔljo
Pfeffer	il pepe il 'pepe
Portion	la porzione la por'tsjone
roh	crudo 'krudo
Rohkost	le verdure crude le wer'dure 'krude
Salatsoße	il condimento per l'insalata il kondi'mento per linßa'lata
Salz	il sale il 'ßale
Salzstreuer	la saliera la ßa'ljära

Weitere Wörter 113

satt sein	essere sazio 'äßere 'ßatsjo
sauer	acido 'atschido
scharf	piccante pik'kante
Schonkost	gli alimenti dietetici lji ali'menti dje'tätitschi
Senf	la senape la 'ßänape
Serviette	il tovagliolo il towa'ljɔlo
Soße	il sugo il 'ßugo
Spezialität	la specialità la ßpetschali'ta
Stück	il pezzo il 'pättso
Stuhl	la sedia la 'ßädja
süß	dolce 'doltsche
Süßstoff	il dolcificante il doltschifi'kante
Tasse	la tazza la 'tattsa
Teelöffel	il cucchiaino il kukkja'ino
Teller	il piatto il 'pjatto
Tisch	il tavolo il 'tawolo
trinken	bere 'bere
Trinkgeld	la mancia la 'mantscha
vegetarisch	vegetariano wedscheta'rjano
Vorspeise	l'antipasto lanti'paßto
Zahnstocher	lo stuzzicadenti lo ßtuttsika'dänti
Zucker	lo zucchero lo 'tsukkero
zusammen bezahlen	pagare tutto insieme pa'gare 'tutto in'sjäme

Einkaufen

Fragen & Wünsche **116**

Geschäfte **119**

Lebensmittel **120**

Kleidung **127**

Schuhe **132**

Souvenirs **134**

Drogerieartikel **136**

Haushalt **139**

Optiker **141**

Tabakwaren **143**

Fragen & Wünsche

Wie viel kostet das?	Quanto costa? kuˈanto ˈkɔßta?
Können Sie den Preis aufschreiben?	Mi può scrivere il prezzo? mi puˈɔ ˈßkriwere il ˈprättso?
Das ist mir zu teuer.	È troppo caro per me. ä ˈtrɔppo ˈkaro per me.
Machen Sie mir einen guten Preis!	Mi faccia un buon prezzo! mi ˈfattscha un buˈɔn ˈprättso!
Kann ich es etwas billiger bekommen?	Mi può fare uno sconto? mi puˈɔ fare ˈuno ˈßkonto?
Für ... nehme ich es.	Per ... lo prendo. per ... lo ˈprändo.
Haben Sie auch etwas Preiswerteres?	Ha qualcosa di più economico? a kualˈkɔsa di pju ekoˈnɔmiko?
Haben Sie Sonderangebote?	Ha delle offerte speciali? a ˈdelle ofˈfärte ßpeˈtschali?
Kann ich mit ▸ zahlen? ▸EC-Karte ▸(dieser) Kreditkarte	Posso pagare con ▸ ˈpɔßßo paˈgare kon ▸ ▸ il bancomat? il ˈbankomat? ▸ (questa) carta di credito? (kuˈeßta) ˈkarta di ˈkredito?

Fragen & Wünsche

Ich hätte gerne eine Quittung.	Vorrei la ricevuta, per favore. wor'räi la ritsche'wuta, per fa'wore.
Wo bekomme ich ...?	Dove posso trovare ...? 'dowe 'pɔßßo tro'ware ...?

Das könnten Sie hören:

Mi dica, prego! mi 'dika, 'prägo!	Was wünschen Sie?
Posso aiutarLa? 'pɔßßo aju'tarla?	Kann ich Ihnen helfen?
Danke, ich sehe mich nur um.	Grazie, ma do soltanto un'occhiata. 'gratsje, ma do ßol'tanto unok'kjata.
Ich werde schon bedient.	Mi stanno già servendo, grazie. mi 'ßtanno dscha ßer'wendo, 'gratsje.
Ich hätte gerne ...	Vorrei ... wor'räi ...
Das gefällt mir nicht so gut.	Questo non mi piace tanto. ku'eßto non mi 'pjatsche 'tanto.
Können Sie mir noch etwas anderes zeigen?	Mi può mostrare qualcos'altro? mi pu'ɔ mo'ßtrare kualko'ßaltro?

Einkaufen

Ich muss mir das noch mal überlegen.	Ci devo pensare ancora un po'. tschi 'dewo pen'ßare an'kora un pɔ.
Ich nehme es.	Lo prendo. lo 'prändo.

Das könnten Sie hören:

Desidera altro? de'ßidera 'altro?	Darf es sonst noch etwas sein?
Danke, das ist alles.	Grazie, è tutto. 'gratsje, ä 'tutto.
Haben Sie eine Tüte?	Ha una busta (di plastica), per favore? a 'una 'bußta (di 'plaßtika), per fa'wore?
Ich möchte das ▸ ▸ umtauschen. ▸ zurückgeben.	Lo vorrei ▸ lo wor'rai ▸ ▸ cambiare. kam'bjare. ▸ dare indietro. 'dare in'djatro.

Weitere Wörter

Ausverkauf	la svendita la 'swendita
billig(er)	meno caro 'meno 'karo
geben	dare 'dare
Geld	i soldi i 'ßɔldi
Geschenk	il regalo il re'galo
(zu) groß	(troppo) grande ('trɔppo) 'grande

größer	più grande pju ˈgrande
Schaufenster	la vetrina la weˈtrina
Schlussverkauf	i saldi (di fine stagione) i ˈßaldi (di ˈfine ßtaˈdschone)
Selbstbedienung	il self-service il ßelfˈßerwiß
(zu) teuer	(troppo) caro (ˈtrɔppo) ˈkaro
umtauschen	cambiare kamˈbjare
zurückgeben	dare indietro ˈdare inˈdjätro

Geschäfte

Bäckerei	la panetteria, il forno la panetteˈria, il ˈforno
Buchhandlung	la libreria la libreˈria
Einkaufszentrum	il centro commerciale il ˈtschäntro kommerˈtschale
Feinkostgeschäft	il negozio di specialità gastronomiche il neˈgɔtsjo di ßpetschaliˈta gaßtroˈnɔmike
Fischgeschäft	la pescheria la peßkeˈria
Fleischerei	la macelleria la matschelleˈria
Flohmarkt	il mercatino delle pulci il merkaˈtino ˈdelle ˈpultschi
Friseursalon (Herren)	il barbiere il barˈbjäre
Friseursalon (Damen)	il parrucchiere il parrukˈkjäre
Juwelier	la gioielleria la dschojelleˈria

Kaufhaus	il grande magazzino
	il 'grande magad'dsino
Kiosk	il chiosco il 'kjɔßko
Markt	il mercato il mer'kato
Obst- und	il fruttivendolo
Gemüsehändler	il frutti'wendolo
Optiker	l'ottico 'lɔttiko
Reinigung	la lavanderia (a secco)
	la lawande'ria (a 'ßekko)
Schuhgeschäft	il negozio di calzature
	il ne'gɔtsjo di kaltsa'ture
Sportgeschäft	il negozio di articoli sportivi
	il ne'gɔtsjo di ar'tikoli ßpor'tiwi
Tabakwaren	la tabaccheria la tabakke'ria
Waschsalon	la lavanderia automatica
	la lawande'ria auto'matika

Lebensmittel

Was ist das?	Che cos'è quello?
	ke kɔ'sä ku'ello?
Kann ich probieren?	Posso assaggiare?
	'pɔßßo aßßad'dschare?
Bitte ▸ davon.	Per favore ▸ per fa'wore ▸
▸ ein Stück	▸ uno di questi. 'uno di ku'ešti.
▸ zwei Stück	▸ due di questi. 'due di ku'ešti.

Lebensmittel

> **Info** Il filone di pane (das gewöhnliche Brot) wird in Mittelitalien ohne Salz zubereitet. Heutzutage finden Sie fast überall auch pane integrale (Vollkornbrot), pane ai cinque cereali (Fünfkornbrot) oder pane di segale (Roggenbrot). Panini all'olio sind kleine, weiche Brötchen, die sich gut für Sandwiches eignen.

Bitte geben Sie mir ▸	Per favore, mi dia ▸ per fa'wore mi 'dia ▸
▸ 100 Gramm ...	▸ un etto di ... un 'ätto di ...
▸ 1 halbes Kilo ...	▸ mezzo chilo di ... 'mäddso 'kilo di ...
▸ 1 Kilo ...	▸ un chilo di ... un 'kilo di ...
▸ 1 Liter ...	▸ un litro di ... un 'litro di ...
▸ 4 Scheiben ...	▸ quattro fette di ... ku'attro 'fette di ...
▸ 1 Stück ...	▸ un pezzo di ... un 'pättso di ...

Weitere Wörter

alkoholfreies Bier	la birra analcolica la 'birra anal'kɔlika
Apfelsaft	il succo di mele il 'ßukko di 'mele
Apfelwein	il sidro (di mele) il 'ßidro (di 'mele)
Aprikose	l'albicocca lalbi'kɔkka
Artischocke	il carciofo il kar'tschɔfo

Einkaufen

Aubergine	la melanzana la melan'dsana
Austern	le ostriche le 'ɔßtrike
Avocado	l'avocado lawo'kado
Banane	la banana la ba'nana
Basilikum	il basilico il ba'siliko
Bier	la birra la 'birra
Birne	la pera la 'pera
Bohnen	i fagioli i fa'dschɔli
Brokkoli	i broccoli i 'brɔkkoli
Brot	il pane il 'pane
Butter	il burro il 'burro
Champignons	i (funghi) prataioli i ('fungi) prata'jɔli
Chicorée	la cicoria (belga) la tschi'kɔrja ('bälga)
Eier	le uova le u'ɔwa
eingelegte Gurken	i cetriolini sott'aceto i tschetrjo'lini sotta'tscheto
Eis	il gelato il dsche'lato
Erbsen	i piselli i pi'sälli
Erdbeeren	le fragole le 'fragole
Erdnüsse	le arachidi le a'rakidi
Essig	l'aceto la'tscheto
Estragon	il dragoncello il dragon'tschällo
fettarme Milch	il latte scremato il 'latte ßkre'mato

Fisch	il pesce	il 'pesche
Fleisch	la carne	la 'karne
Geflügel	il pollame	il pol'lame
gekochter Schinken	il prosciutto cotto	il pro'schutto 'kɔtto
Gewürze	le spezie	le 'ßpätsje
Grieß	il semolino	il ßemo'lino
grüne Bohnen	i fagiolini	i fadscho'lini
Gurke (Salatgurke)	il cetriolo	il tsche'trjɔlo
Hackfleisch	la carne macinata	la 'karne matschi'nata
Haferflocken	i fiocchi d'avena	i 'fjɔkki da'wena
Hähnchen	il pollo	il 'pollo
Haselnüsse	le nocciole	le not'tschɔe
Himbeeren	i lamponi	i lam'poni
Honig	il miele	il 'mjäle
Joghurt	lo yogurt	lo 'jɔgurt
Kakao	il cacao	il ka'kao
Kalbfleisch	la carne di vitello	la 'karne di wi'tällo
Kartoffeln	le patate	le pa'tate
Käse	il formaggio	il for'maddscho
Kekse	i biscotti	i bi'ßkɔtti
Ketchup	il ketchup	il 'ketschap
Kirschen	le ciliege	le tschi'ljädsche
Kiwi	il kiwi	il 'kiui

Einkaufen

Deutsch	Italienisch	Aussprache
Knoblauch	l'aglio	'laljo
Kohl	il cavolo	il 'kawolo
Kotelett	la cotoletta	la koto'letta
Kräuter	le erbe medicinali	le 'ärbe meditschi'nali
Kuchen	la torta	la 'torta
Lammfleisch	la carne d'agnello	la 'karne da'njällo
Lauch	il porro	il 'pɔrro
Leberpastete	il paté di fegato	il pa'tä di 'fegato
Makronen	gli amaretti	lji ama'retti
Margarine	la margarina	la marga'rina
Marmelade	la marmellata	la marmel'lata
Mayonnaise	la maionese	la majo'nese
Melone	il melone	il me'lone
Milch	il latte	il 'latte
Mineralwasser mit Kohlensäure	l'acqua minerale gassata	'lakkua mine'rale gaß'ßata
Möhren	le carote	le ka'rɔte
Müsli	il müsli	il 'musli
Nektarine	la pesca noce	la 'päßka 'notsche
Nudeln	la pasta	la 'paßta
Nüsse	le noci	le 'notschi
ohne Konservierungsstoffe	senza conservanti	'ßäntsa konßer'wanti

Oliven	le olive	le o'liwe
Olivenöl	l'olio d'oliva	'ɔljo do'liwa
Orange	l'arancia	la'rantscha
Orangensaft	il succo d'arancia	
	il 'ßukko da'rantscha	
Oregano	l'origano	lo'rigano
Paprika (Gewürz)	la paprica	la 'paprika
Paprikaschote	il peperone	il pepe'rone
Peperoni	il peperoncino	
	il peperon'tschino	
Petersilie	il prezzemolo	il pret'tsemolo
Pfeffer	il pepe	il 'pepe
Pfirsich	la pesca	la 'päßka
Pflaumen	le prugne, le susine	
	le 'prunje, le ßu'sine	
Pilze	i funghi	i 'fungi
Reis	il riso	il 'riso
Rindfleisch	la carne di manzo	
	la 'karne di 'mandso	
roher Schinken	il prosciutto crudo	
	il pro'schutto 'krudo	
Rosmarin	il rosmarino	il rosma'rino
Rotwein	il vino rosso	il 'wino 'roßo
Saft	il succo	il 'ßukko
Sahne	la panna	la 'panna
Salami	il salame	il ßa'lame
Salz	il sale	il 'ßale

Deutsch	Italienisch	Aussprache
Schnittlauch	l'erba cipollina	'lärba tschipol'lina
Schnitzel	la cotoletta	la koto'letta
Schokolade	la cioccolata	la tschokko'lata
Schweinefleisch	la carne di maiale	la 'karne di ma'jale
Spargel	gli asparagi	lji a'ßparad schi
Spinat	gli spinaci	lji ßpi'natschi
Steinpilze	i (funghi) porcini	i ('fungi) por'tschini
Thunfisch	il tonno	il 'tonno
Thymian	il timo	il 'timo
Vollkornbrot	il pane integrale	il 'pane inte'grale
Walnuss	la noce	la 'notsche
Wassermelone	il cocomero	il ko'komero
Weintrauben	l'uva	'luwa
Weißbrot	il pane bianco	il 'pane 'bjanko
weiße Bohnen	i fagioli bianchi	i fa'dschɔli 'bjanki
Weißwein	il vino bianco	il 'wino 'bjanko
Wurst(aufschnitt)	l'affettato	laffet'tato
Würstchen	le salsicce	le ßal'ßittsche
Zucker	lo zucchero	lo 'tsukkero
Zwieback	la fetta biscottata	la 'fetta bißkot'tata
Zwiebel	la cipolla	la tschi'polla

Kleidung

Ich suche ...	**Vorrei ...** wor'räi ...

Das könnten Sie hören:

Che taglia porta? ke 'talja 'pɔrta?	Welche Größe haben Sie?
Ich habe (die deutsche) Größe ...	**Ho la taglia (tedesca) ...** ɔ la 'talja (te'deßka) ...
Haben Sie das auch in Größe ...?	**Ha anche una ...?** a 'anke 'una ...?
Haben Sie das auch in einer anderen Farbe? ▸ Farben, S. 129	**Ce l'ha anche di un altro colore?** tsche 'la 'anke di un 'altro ko'lore?
Welches Material ist das? ▸ Stoffe, S. 128	**Di che materiale è?** di ke mate'rjale ä?
Kann ich das anprobieren?	**Lo posso provare?** lo 'pɔßßo pro'ware?

Info Die italienischen Kleidergrößen unterscheiden sich von den deutschen: Sie sind zwei Nummern höher. Der deutschen Größe 38 entspricht somit die italienische 42.

Einkaufen

Wo sind die Umkleidekabinen?	Dove sono i camerini di prova? 'dowe 'ßono i kame'rini di 'prowa?
Wo ist ein Spiegel?	C'è uno specchio? tschä 'uno 'ßpäkkjo?
Es steht mir nicht.	Non mi sta bene. non mi ßta 'bäne.
Das ist mir zu ▸	È troppo ▸ ä 'trɔppo ▸
▸ groß.	▸ grande. 'grande.
▸ klein.	▸ piccolo. 'pikkolo.
Das passt gut.	Questo va bene. ku'eßto wa 'bäne.

Stoffe

Baumwolle	il cotone il ko'tone
Filz	il feltro il 'feltro
Fleece	il pile il 'pail
Kamelhaar	il (pelo di) cammello il ('pelo di) kam'mällo
Kaschmir	il cascimir il 'kaschmir
Leder	la pelle la 'pälle
Leinen	il lino il 'lino
Mikrofaser	la microfibra la mikro'fibra

Naturfaser	la fibra naturale
	la 'fibra natu'rale
reine Schurwolle	la pura lana vergine
	la 'pura 'lana 'werdschine
Schafwolle	la lana di pecora
	la 'lana di 'päkora
Seide	la seta la 'ßeta
Synthetik	le fibre sintetiche
	le 'fibre ßin'tätike
Wolle	la lana la 'lana

Farben

beige	beige 'bäsch
blau	azzurro ad'dsurro
braun	marrone mar'rone
bunt	colorato kolo'rato
dunkelblau	blu scuro blu 'ßkuro
dunkelrot	rosso scuro 'roßßo 'ßkuro
einfarbig	in tinta unita in 'tinta u'nita
gelb	giallo 'dschallo
golden	dorato do'rato
grau	grigio 'gridscho
grün	verde 'werde
hellblau	celeste tsche'läßte
lila	lilla 'lilla
pink	fucsia 'fukßja

rosa	rosa	'rɔsa
rot	rosso	'roßo
schwarz	nero	'nero
silbern	argentato	ardschen'tato
türkis	turchese	tur'kese
weiß	bianco	'bjanko

Weitere Wörter

Anzug	l'abito	'labito
Badeanzug	il costume (intero) da bagno	il ko'ßtume (in'tero) da 'banjo
Badehose	il costume da bagno	il ko'ßtume da 'banjo
Bademantel	l'accappatoio	lakkappa'tojo
BH	il reggiseno	il reddschi'ßeno
Bikini	il bikini	il bi'kini
Blazer	il blazer	il 'blaser
Bluse	la camicetta	la kami'tschetta
bügelfrei	che non si stira	ke non ßi 'ßtira
Gürtel	la cintura	la tschin'tura
Halstuch	il foulard	il fu'lar
Handschuhe	i guanti	i gu'anti
Hemd	la camicia	la ka'mitscha
Hose	i pantaloni	i panta'loni
Hut	il cappello	il kap'pällo
Jacke	la giacca	la 'dschakka

Kleidung

Jeans	i jeans i 'dschins
Jogginganzug	la tuta da ginnastica la 'tuta da dschin'naßtika
Jogginghose	i pantaloni da jogging i panta'loni da 'dschɔgging
Kleid	il vestito il we'ßtito
Kostüm	il tailleur il ta'jer
Krawatte	la cravatta la kra'watta
kurz	corto 'korto
lang	lungo 'lungo
Leggins	i fuseaux i fu'so
Mantel	il cappotto il kap'pɔtto
Mütze	il berretto il ber'retto
Pullover	il maglione il ma'ljone
Regenjacke	la giacca impermeabile la 'dschakka imperme'abile
Regenmantel	l'impermeabile limperme'abile
Reißverschluss	la chiusura lampo la kju'sura 'lampo
Rock	la gonna la 'gɔnna
Sakko	la giacca la 'dschakka
Schal	la sciarpa la 'scharpa
Schlafanzug	il pigiama il pi'dschama
Shorts	gli short lji schɔrt
Slip	lo slip lo slip
Socken	i calzini i kal'tsini

Sonnenhut	**il cappello da sole**
	il kap'pällo da 'ßole
Strümpfe	**le calze** le 'kaltse
Strumpfhose	**il collant** il kol'lan
T-Shirt	**la maglietta** la ma'ljetta
Unterhemd	**la canottiera** la kanot'tjära
Unterwäsche	**la biancheria intima, l'intimo**
	la bjanke'ria 'intima, 'lintimo
Weste	**il gilè** il dschi'lä

Schuhe

Ich möchte ein Paar ...	Vorrei un paio di ...
	wor'räi un 'pajo di ...

[*Das könnten Sie hören:*
Che numero di scarpe porta?
ke 'numero di 'ßkarpe 'pɔrta?
Welche Schuhgröße haben Sie?]

Ich habe Schuhgröße ...	Porto il (numero) ...
	'pɔrto il ('numero) ...
Sie sind zu ▸	Sono troppo ▸ 'ßono 'trɔppo ▸
▸ groß.	▸ grandi. 'grandi.
▸ klein.	▸ piccole. 'pikkole.
Sie drücken hier.	Mi fanno male qui.
	mi 'fanno 'male ku'i.

Weitere Wörter

Badeschuhe	le scarpette da bagno
	le ßkar'pette da 'banjo
Bergschuhe	gli scarponi da montagna
	lji ßkar'poni da mon'tanja
Einlegesohlen	le solette le ßo'lette
eng	stretto 'ßtretto
Gummistiefel	gli stivali di gomma
	lji ßti'wali di 'gomma
Halbschuhe	le scarpe basse
	le 'scarpe 'baßße
Leder	il cuoio il ku'ɔjo
Ledersohle	la suola di cuoio
	la ßu'ɔla di ku'ɔjo
Pumps	le scarpe décolleté
	le 'ßkarpe dekol'te
Sandalen	i sandali i 'ßandali
Schnürsenkel	i lacci per le scarpe
	i 'lattschi per le 'ßkarpe
Schuhe	le scarpe le 'ßkarpe
Schuhputzmittel	il lucido da scarpe
	il 'lutschido da 'ßkarpe
Stiefel	gli stivali lji ßti'wali
Turnschuhe	le scarpe da ginnastica
	le 'scarpe da dschin'naßtika
Wanderschuhe	le scarpe da trekking
	le 'ßkarpe da 'träkking

Souvenirs

Ich möchte ▶	Vorrei ▶ wor'räi ▶
▶ ein hübsches Andenken.	▶ un ricordino carino. un rikor'dino ka'rino.
▶ ein Geschenk.	▶ un regalo. un re'galo.
▶ etwas Typisches aus dieser Gegend.	▶ qualcosa di tipico della regione. kual'kɔsa di 'tipiko 'della re'dschone.
Ist das Handarbeit?	È fatto a mano? ä 'fatto a 'mano?
Ist das antik?	È antico? ä an'tiko?
Ist das echt?	È autentico? ä au'täntiko?

Weitere Wörter

Antiquität	oggetto d'antiquariato od'dschätto dantikua'rjato
Becher	il bicchiere il bik'kjäre
Decke	la coperta la ko'pärta
echt	autentico au'täntiko
Geschirr	il vasellame il wasel'lame
Gürtel	la cintura la tschin'tura
Handarbeit	fatto a mano 'fatto a 'mano
Handtasche	la borsa la 'borßa
Keramik	la ceramica la tsche'ramika

Souvenirs

Korkgegenstände	gli oggetti di sughero lji od'dschätti di 'ßugero
Kunsthandwerk	l'artigianato lartidscha'nato
Kupferkessel	il paiolo (di rame) il pa'jɔlo (di 'rame)
Leder	la pelle la 'pälle
mundgeblasenes Glas	il vetro soffiato il 'wetro ßof'fjato
Porzellan aus Capodimonte	la porcellana capodimonte la portschel'lana kapodi'monte
Schmiedeeisen	il ferro battuto il 'färro bat'tuto
Schmuck	i gioielli i dscho'jälli
Spitze (Gewebe)	il pizzo il 'pittso
Statuette	la statuetta la ßatu'etta
Strohhut	il cappello di paglia il kap'pällo di 'palja
Teppich	il tappeto il tap'peto
Terrakotta	la terracotta la terra'kɔtta
Trachtenpuppe	la bambolina con il costume regionale la bambo'lina kon il ko'ßtume redscho'nale
Vase	il vaso il 'waso
Wandteller	il piatto da appendere i 'pjatto da ap'pändere
Zertifikat	il certificato il tschertifi'kato

Einkaufen

Drogerieartikel

Deutsch	Italienisch	Aussprache
allergiegetestet	anallergico	anal'lärdschiko
Babyfläschchen	il biberon	il bibe'rɔn
Babypuder	il borotalco	il boro'talko
Bürste	la spazzola	la 'ßpattsola
Damenbinden	gli assorbenti igienici	lji aßßor'bänti i'dschänitschi
Deo	il deodorante	il deodo'rante
Duschgel	il gel per la doccia	il dschäl per la 'dottscha
feuchte Tücher	le salviette umide	le ßal'wjette 'umide
Haargel	il gel per capelli	il dschäl per ka'pelli
Haargummi	l'elastico per i capelli	le'laßtiko per i ka'pelli
Haarspange	il fermaglio per i capelli	il fer'maljo per i ka'pelli
Haarspray	la lacca	la 'lakka
Handcreme	la crema per le mani	la 'kräma per le 'mani
Kamm	il pettine	il 'pättine
Kondome	i preservativi	i preserwa'tiwi
Körperlotion	la lozione per il corpo	la lo'tsjone per il 'kɔrpo
Kosmetiktücher	le salviettine da strucco	le ßalwjet'tine da 'ßtrukko

Drogerieartikel

Lichtschutzfaktor	il fattore di protezione
	il fat'tore di prote'tsjone
Lippenstift	il rossetto il roß'ßetto
Mückenschutz	la protezione antizanzare
	la prote'tsjone antidsan'dsare
Nachtcreme	la crema da notte
	la 'kräma da 'nɔtte
Nagelfeile	la limetta per le unghie
	la li'metta per le 'ungje
Nagellackentferner	il solvente per lo smalto
	il ßol'wänte per lo 'smalto
Nagelschere	le forbici per le unghie
	le 'fɔrbitschi per le 'ungje
Papiertaschentücher	i fazzoletti di carta
	i fattso'letti di 'karta
Parfüm	il profumo il pro'fumo
parfümfrei	non profumato
	non profu'mato
Pflaster	il cerotto il tsche'rɔtto
Pinzette	le pinzette le pin'tsette
Rasierklinge	la lametta la la'metta
Rasierschaum	la schiuma da barba
	la 'ßkjuma da 'barba
Reinigungsmilch	il latte detergente
	il 'latte deter'dschänte
Schaumfestiger	la schiuma (fissante)
	la 'ßkjuma (fiß'ßante)

Einkaufen

Schnuller	**il succhiotto** il ßuk'kjɔtto
Seife	**il sapone** il ßa'pone
Shampoo	**lo shampoo** lo 'schampo
Sonnencreme	**la crema solare** la 'kräma ßo'lare
Sonnenmilch	**il latte solare** il 'latte ßo'lare
Spiegel	**lo specchio** lo 'ßpäkkjo
Tagescreme	**la crema da giorno** la 'kräma da 'dschorno
Tampons	**gli assorbenti interni** lji aßßor'bänti in'tärni
Toilettenpapier	**la carta igienica** la 'karta i'dschänika
Waschlappen	**il guanto di spugna** il gu'anto di 'ßpugna
Waschmittel	**il detersivo** il deter'ßiwo
Watte	**il cotone (idrofilo)** il ko'tone (i'drɔfilo)
Wattestäbchen	**i cotton fioc** i 'kɔtton 'fjɔk
Zahnbürste	**lo spazzolino da denti** lo ßpattso'lino da 'dänti
Zahnpasta	**il dentifricio** il denti'fritscho
Zahnseide	**il filo interdentale** il 'filo interden'tale
Zahnstocher	**lo stuzzicadenti** lo ßtuttsika'dänti

Haushalt

Adapter	l'adattatore ladatta'tore
Alufolie	il foglio di alluminio il 'fɔljo di allu'minio
Batterie	la pila la 'pila
Dosenöffner	l'apriscatole lapri'ßkatole
Feuerzeug	l'accendino lattschen'dino
Flaschenöffner	l'apribottiglie lapribot'tilje
Fleckenentferner	lo smacchiatore lo smakkja'tore
Föhn	il fon il fɔn
Frischhaltefolie	la pellicola trasparente la pel'likola traßpa'ränte
Gabel	la forchetta la for'ketta
Glas	il bicchiere il bik'kjäre
Glühlampe	la lampadina la lampa'dina
Grillkohle	la carbonella la karbo'nälla
Insektenspray	l'insetticida linßetti'tschida
Kerzen	le candele le kan'dele
Korkenzieher	il cavatappi il kawa'tappi
Küchenrolle	la carta assorbente (da cucina) la 'karta aßßor'bänte (da ku'tschina)
Kühltasche	la borsa termica la 'borßa 'tärmika
Löffel	il cucchiaio il kuk'kjajo
Messer	il coltello il kol'tällo

Einkaufen

Deutsch	Italienisch	Aussprache
Moskitospirale	lo zampirone	lo tsampi'rone
Nähgarn	il filo da cucito	il 'filo da ku'tschito
Nähnadel	l'ago	'lago
Reinigungsmittel	il detersivo	il deter'ßiwo
Schere	le forbici	le 'fɔrbitschi
Servietten	i tovaglioli	i towa'ljɔli
Sicherheitsnadel	la spilla da balia	la 'ßpilla da 'balja
Spülmittel	il detersivo per (i) piatti	il deter'ßiwo per (i) 'pjatti
Spültuch	il panno per i piatti	il 'panno per i 'pjatti
Streichhölzer	i fiammiferi	i fjam'miferi
Taschenlampe	la lampada tascabile, la pila	la 'lampada ta'ßkabile, la 'pila
Taschenmesser	il coltello tascabile, il temperino	il kol'tällo ta'ßkabile, il tempe'rino
Tasse	la tazza	la 'tattsa
Tauchsieder	il bollitore a immersione	il bolli'tore a immer'ßjone
Teller	il piatto	il 'pjatto
Thermosflasche	il termos	il 'tärmoß
Verlängerungsschnur	la prolunga	la pro'lunga

Wäscheklammern	**le mollette (per i panni)**
	le mol'lette (per i 'panni)
Wäscheleine	**il filo per stendere i panni**
	il 'filo per 'ßtändere i 'panni
Waschpulver	**il detersivo** il deter'ßiwo
Wecker	**la sveglia** la 'swelja
Wischlappen	**lo straccio da cucina**
	lo 'ßtrattscho da ku'tschina

Optiker

Meine Brille ist kaputt.	Mi si sono rotti gli occhiali. mi ßi 'ßono 'rotti lji ok'kjali.
Können Sie das reparieren?	Me lo può aggiustare? me lo pu'ɔ addschu'ßtare?
Ich möchte eine Sonnenbrille.	Vorrei degli occhiali da sole. wor'räi 'delji ok'kjali da 'ßole.
Ich brauche Eintageslinsen.	Vorrei delle lenti a contatto giornaliere. wor'räi 'delle 'länti a kon'tatto dschorna'ljäre.
Ich bin kurzsichtig.	Sono miope. 'ßono 'mjope.
Ich bin weitsichtig.	Sono presbite. 'ßono 'präsbite.

142 Einkaufen

Das könnten Sie hören:
Quante diottrie Le mancano?
ku'ante diot'trie le 'mankano?
Wie viel Dioptrien haben Sie?

Ich habe links ... Dioptrien und rechts ... Dioptrien.	A sinistra ho ... diottrie e a destra ... diottrie. a ßi'nißtra ɔ ... diot'trie e a 'däßtra ... diot'trie.
Ich habe eine Kontaktlinse ▸	▸ una lente a contatto. ▸ 'una 'länte a kon'tatto.
▸ verloren.	▸ Ho perso ɔ 'pärßo
▸ kaputt gemacht.	▸ Mi si è rotta mi ßi ä 'rotta
Ich brauche Aufbewahrungslösung für Kontaktlinsen	Ho bisogno di una soluzione per la conservazione delle lenti a contatto. ɔ bi'ßonjo di 'una ßolu'tsjone per la konßerwa'tsjone 'delle 'länti a kon'tatto.
Ich brauche Reinigungslösung für ▸ Kontaktlinsen.	Ho bisogno di una soluzione detergente per lenti a contatto ▸ ɔ bi'ßonjo di 'una ßolu'tsjone deter'dschänte per 'länti a kon'tatto ▸
▸ harte	▸ rigide. 'ridschide.
▸ weiche	▸ morbide. 'mɔrbide.

Tabakwaren

Info Zigaretten bekommen Sie in Tabaccherie (Tabakläden) und in den durch ein blaues Schild mit weißem „T" gekennzeichneten Bar tabacchi. In beiden können Sie auch Briefmarken francobolli kaufen.

Ein Päckchen ▸, bitte.	Un pacchetto di tabacco ▸, per favore. un pak'ketto di ta'bakko ▸, per fa'wore.
▸ Pfeifentabak	▸ da pipa da 'pipa
▸ Zigarettentabak	▸ da sigarette da ßiga'rette
Eine Schachtel ..., bitte.	Un pacchetto di ..., per favore. un pak'ketto di ..., per fa'wore.
Eine Stange ..., bitte.	Una stecca di ..., per favore. 'una 'ßtekka di ..., per fa'wore.

Weitere Wörter

Feuerzeug	l'accendino	lattschen'dino
Pfeife	la pipa	la 'pipa
Pfeifenreiniger	il curapipe	il kura'pipe
Tabak	il tabacco	il ta'bakko
Zigaretten	le sigarette	le ßiga'rette
Zigarillos	i sigaretti	i ßiga'retti
Zigarren	i sigari	i 'ßigari

Aktivitäten

Sport & Wellness 146

Besichtigungen 160

Unterhaltung 170

Sport & Wellness
Baden

Wo geht es zum Strand?	**Come si arriva alla spiaggia?** 'kome ßi ar'riwa 'alla 'ßpjaddscha?
Darf man hier baden?	**Si può fare il bagno qui?** ßi pu'ɔ 'fare il 'banjo ku'i?
Gibt es hier Strömungen?	**Ci sono delle correnti?** tschi 'ßono 'delle kor'ränti?
Gibt es hier Quallen?	**Ci sono meduse?** tschi 'ßono me'duse?
Ich möchte ▸ ausleihen.	**Vorrei noleggiare ▸** wor'räi noled'dschare ▸
▸ einen Liegestuhl	▸ **una sedia a sdraio.** 'una 'ßädja a 'sdrajo.
▸ einen Sonnenschirm	▸ **un ombrellone.** un ombrel'lone.
▸ ein Boot	▸ **una barca.** 'una 'barka.
Ich möchte einen ▸ machen.	**Vorrei fare un corso di ▸** wor'räi 'fare un 'korßo di ▸
▸ Tauchkurs	▸ **nuoto subacqueo.** nu'ɔto ßu'bakkueo.
▸ Windsurfkurs	▸ **windsurf.** uind'ßerf.

Sport & Wellness

Wie viel kostet es pro ▸	Quanto costa ▸ ku'anto 'kɔʃta ▸
▸ Stunde?	▸ all'ora? al'lora?
▸ Tag?	▸ al giorno? al 'dʃchorno?
Können Sie kurz auf meine Sachen aufpassen?	Per favore, può stare attento alle mie cose per un attimo? per fa'wore, pu'ɔ 'stare at'tänto 'alle 'mie 'kɔse per un at'timo?
Wo sind die ▸	Dove sono ▸ 'dowe 'ßono ▸
▸ Duschen?	▸ le docce? le 'dottsche?
▸ Umkleidekabinen?	▸ gli spogliatoi? lji ʃpoljatɔi?
Wo ist ▸	Dov'è il ▸ do'wä il ▸
▸ der Bademeister?	▸ bagnino? ba'njino?
▸ die Erste-Hilfe-Station?	▸ posto di pronto soccorso? 'poʃto di 'pronto ßok'korso?

Weitere Wörter

Bootsverleih	il noleggio (di) barche il no'leddscho (di) 'barke
Ebbe	la bassa marea la 'baßßa ma'räa
fischen	pescare pe'ßkare
FKK-Strand	la spiaggia per nudisti la 'ßpjaddscha per nu'diʃti

Aktivitäten

Deutsch	Italienisch	Aussprache
Flut	l'alta marea	'lalta ma'räa
Handtuch	l'asciugamano	laschuga'mano
Kitesurfen	fare kitesurf	'fare kait'ßerf
Luftmatratze	il materassino (gonfiabile)	il materaß'ßino (gon'fjabile)
Meer	il mare	il 'mare
Motorboot	il motoscafo	il moto'ßkafo
Muscheln	le conchiglie	le kon'kilje
Nichtschwimmer	i non nuotatori	i non nuota'tori
Rettungsring	il salvagente	il ßalwa'dschänte
Ruderboot	la barca a remi	la 'barka a 'remi
Sand	la sabbia	la 'ßabbja
Sandstrand	la spiaggia sabbiosa	la 'ßpjaddscha ßab'bjosa
Schatten	l'ombra	'lombra
Schlauchboot	il gommone, il canotto	il gom'mone, il ka'nɔtto
Schnorchel	il respiratore	il reßpira'tore
Schwimmbad	la piscina	la pi'schina
schwimmen	nuotare	nuo'tare
Schwimmflossen	le pinne	le 'pinne
Schwimmflügel	i braccioli	i brat'tscholi
See	il lago	il 'lago
Seeigel	il riccio di mare	il 'rittscho di 'mare

Sport & Wellness 149

Segelboot	la barca a vela la 'barka a 'wela
Sonne	il sole il 'ßole
Sonnenbrille	gli occhiali da sole lji ok'kjali da 'ßole
Sprungbrett	il trampolino il trampo'lino
Strandbad	lo stabilimento balneare lo ßtabili'mento balne'are
Strandkorb	la poltroncina da spiaggia la poltron'tschina da 'ßpjaddsha
Strömung	la corrente la kor'ränte
Sturmwarnung	il preavviso di tempesta il preaw'wiso di tem'päßta
Surfbrett	la tavola da surf la 'tawola da ßerf
tauchen	fare immersioni fare immer'ßjoni
Taucheranzug	la tuta da sub la 'tuta da ßub
Taucherbrille	la maschera da sub la 'maßkera da ßub
Tretboot	il pedalò il peda'lɔ
Wasser	l'acqua 'lakkua
Wasserball	il pallone da mare il pal'lone da 'mare
Wasserski	lo sci acquatico lo schi akku'atiko
Welle	l'onda 'londa

Wellness

Gibt es hier ▶	▶ qui vicino?	▶ ku'i wi'tschino?
▶ eine Therme?	▶ Ci sono delle terme	tschi 'ßono 'delle 'tärme
▶ eine Sauna?	▶ C'è una sauna	tschä 'una 'ßauna
▶ ein Fitnessstudio?	▶ C'è una palestra	tschä 'una pa'lästra

Ich hätte gerne einen Termin für ...
Vorrei un appuntamento per ...
wor'räi un appunta'mento per ...

Machen Sie Gesichtsmassagen?
Fate massaggi del viso?
'fate maß'ßaddschi del 'wiso?

Ich hätte gerne eine Gesichtsbehandlung.
Vorrei un trattamento per il viso. wor'räi un tratta'mento per il 'wiso.

Ich möchte mir die ▶ färben lassen.
Mi tinge le ▶
mi 'tindsche le ▶
▶ Wimpern ▶ ciglia. 'tschilja.
▶ Augenbrauen ▶ sopracciglia. ßoprat'tschilja.

Bitte eine ▶
Mi fa una ▶, per favore.
mi fa 'una ▶, per fa'wore.
▶ Maniküre. ▶ manicure mani'kur.
▶ Pediküre. ▶ pedicure pedi'kur

Weitere Wörter

Akupunktur	l'agopuntura lagopun'tura
Aromaöl	l'olio per l'aromaterapia 'ɔljo per laromatera'pia
Ayurveda	l'Ayurveda lajur'weda
Dampfbad	il bagno di vapore il 'banjo di wa'pore
Dekolleté	il decolleté il dekol'te
Entschlackung	la cura purificante la 'kura purifi'kante
Fango	il fango il 'fango
Feuchtigkeitsmaske	la maschera (di bellezza) idratante la 'maßkera (di bel'lettsa) idra'tante
Fußreflexzonenmassage	la riflessoterapia del piede la rifleßßotera'pia del 'pjäde
Gesicht	il viso il 'wiso
Hals	il collo il 'kɔllo
Hautdiagnose	la diagnosi del tipo di pelle la 'djanosi del 'tipo di 'pälle
Maske	la maschera (di bellezza) la 'maßkera (di bel'lettsa)
Massage	il massaggio il maß'ßaddscho
Packung	l'impacco lim'pakko
Peeling	il peeling il 'piling
Reinigung	la pulizia la puli'tsia

152 Aktivitäten

Schlammbad	il bagno di fango
	il 'banjo di 'fango
Solarium	il solarium il ßo'larjum
Thermalbad	il bagno termale
	il 'banjo ter'male
Whirlpool	la vasca idromassaggio
	la 'waßka idromaß'ßaddscho
Yoga	lo yoga lo 'jɔga

Ballspiele

Darf ich mitspielen?	Posso giocare anch'io?
	'pɔßßo dscho'kare an'kio?

Wir hätten gern einen ▸ für eine Stunde.	Vorremmo avere ▸ per un'ora. wor'rämmo a'were ▸ per u'nora.
▸ Tennisplatz	▸ un campo da tennis
	un 'kampo da 'tänniß
▸ Badmintonplatz	▸ un campo da volano
	un 'kampo da wo'lano

Wo kann man hier ▸ spielen?	Dove si può giocare a ▸ 'dowe ßi pu'ɔ dscho'kare a ▸
▸ Bowling	▸ bowling? 'buling?
▸ Billard	▸ biliardo? bi'ljardo?

Ich möchte ... ausleihen.	Vorrei noleggiare ... wor'räi noled'dschare ...

Sport & Wellness

Weitere Wörter

Ball	la palla la 'palla
Basketball	la pallacanestro la pallaka'näßtro
Beachvolleyball	il beach-volley il bitsch'wollej
Boccia	le boccie le 'bɔttsche
Federball (Ball)	il volano il wo'lano
Federball (Spiel)	il volano, il badminton il wo'lano, il bed'minton
Federballschläger	la racchetta da volano la rak'ketta da wo'lano
Fußball (Spiel)	il calcio il 'kaltscho
Fußballspiel	la partita di calcio la par'tita di 'kaltscho
Golfplatz	il campo da golf il 'kampo da gɔlf
Golfschläger	la mazza da golf la 'mattsa da gɔlf
Handball (Spiel)	la pallamano la palla'mano
Kegelbahn	la pista per birilli la 'pista per bi'rilli
Mannschaft	la squadra la ßku'adra
Minigolfplatz	la pista da minigolf la 'pißta da mini'gɔlf
Sieg	la vittoria la wit'tɔrja
Spiel	la partita la par'tita
spielen	giocare dscho'kare

Aktivitäten

Spielplatz	il parco giochi	il 'parko 'dschɔki
Squash	lo squash	lo ßku'ɔsch
Tennisball	la palla da tennis	la 'palla da 'tänniß
Tennisschläger	la racchetta da tennis	la rak'ketta da 'tänniß
Tischtennis	il ping-pong	il ping'pong
Tor (Treffer)	il goal	il gɔl
Volleyball	la pallavolo	la palla'wolo

Wandern

Ich möchte nach ... wandern.	Vorrei camminare a ... wor'räi kammi'nare a ...
Ich möchte auf den ... steigen.	Vorrei salire su ... wor'räi ßa'lire su ...
Können Sie mir eine ▸ Tour empfehlen?	Mi può consigliare un percorso ▸ mi pu'ɔ konßi'ljare un per'korßo ▸
▸ leichte	▸ piuttosto facile? pjut'tɔßto 'fatschile?
▸ mittelschwere	▸ di media difficoltà? di 'mädja diffikol'ta?
Wie lange dauert sie ungefähr?	Quanto tempo ci vuole all'incirca? ku'anto 'tämpo tschi wu'ɔle allin'tschirka?

Sport & Wellness

Ist der Weg gut ▶ ▶ markiert? ▶ gesichert?	L'itinerario è ▶ litine'rarjo ä ▶ ▶ ben indicato? bän indi'kato? ▶ sicuro? ßi'kuro?
Kann man unterwegs einkehren?	C'è un luogo di ristoro lungo il percorso? tschä un lu'ɔgo di ri'ßtɔro 'lungo il per'korso?
Gibt es geführte Touren?	Ci sono escursioni guidate? tschi 'ßono eßkur'ßjoni gui'date?
Um wie viel Uhr fährt die letzte Bahn hinunter?	A che ora parte l'ultima funivia per scendere? a ke 'ora 'parte 'lultima funi'wia per 'schendere?
Sind wir auf dem richtigen Weg nach ...?	Siamo sulla strada giusta per ...? 'ßjamo 'ßulla 'ßtrada 'dschußta per ...?
Wie weit ist es noch bis ...?	Quanto manca per arrivare a ...? ku'anto 'manka per arri'ware a ...?

Weitere Wörter

Berg	la montagna la mon'tanja
Bergführer	la guida alpina la gu'ida al'pina
Bergschuhe	gli scarponi da montagna lji ßkar'poni da mon'tanja

Aktivitäten

Bergsteigen	l'alpinismo lalpi'nismo
Bergwacht	il soccorso alpino il ßok'korso al'pino
Gipfel	la cima la 'tschima
Hütte	il rifugio il ri'fudscho
klettern	scalare ßka'lare
Proviant	le provviste le prow'wißte
Schlucht	la gola la 'gola
Schutzhütte	il rifugio il ri'fudscho
Seil	la corda la 'kɔrda
Seilbahn	la funivia la funi'wia
Sessellift	la seggiovia la ßeddscho'wia
Steigeisen	i ramponi i ram'poni
Teleskopstöcke	i bastoni telescopici da montagna i ba'ßtoni tele'ßkɔpitschi da mon'tanja
Wanderkarte	la carta dei sentieri la 'karta 'dei ßen'tjäri
wandern	fare camminate, fare escursioni 'fare kammi'nate, fare eßkur'ßjoni
Wanderschuhe	le scarpe da trekking le 'ßkarpe da 'träkking
Wanderweg	il sentiero il ßen'tjäro
Weg	la strada, l'itinerario la 'ßtrada, litine'rarjo

Sport & Wellness

Rad fahren

Ich möchte ein ▶ mieten.	Vorrei noleggiare una ▶ wor'räi noled'dschare 'una ▶
▶ Fahrrad	▶ bicicletta. bitschi'kletta.
▶ Mountainbike	▶ mountain bike. mauntan'baik.

Ich hätte gern ein Fahrrad mit ... Gängen.
Vorrei una bicicletta con ... cambi. wor'räi 'una bitschi'kletta kon ... 'kambi.

Haben Sie auch ein Fahrrad mit Rücktritt?
Avete anche una bicicletta con il freno a contropedale? a'wete 'anke 'una bitschi'kletta kon il 'fräno a kontrope'dale?

Ich möchte es für ▶ mieten.	La vorrei noleggiare per ▶ la wor'räi noled'dschare per ▶
▶ einen Tag	▶ un giorno. un 'dschorno.
▶ zwei Tage	▶ due giorni. 'due 'dschorni.
▶ eine Woche	▶ una settimana. 'una ßetti'mana.

Bitte stellen Sie mir die Sattelhöhe ein.
Mi può regolare l'altezza della sella, per favore? mi pu'ò rego'lare lal'tettsa 'della 'ßälla, per fa'wore?

Bitte geben Sie mir einen Fahrradhelm.
Mi dia un casco, per favore. mi 'dia un 'kaßko, per fa'wore.

Aktivitäten

Kann ich einen Kinderfahrradsitz ausleihen?	Posso noleggiare un seggiolino da bicicletta? 'pɔßßo noled'dschare un ßed'dscho'lino da bitschi'kletta?
Haben Sie eine Fahrradkarte?	Avete una piantina per le passeggiate in bicicletta? a'wete 'una pjan'tina per le paßßed'dschate in bitschi'kletta?

Weitere Wörter

Fahrradflickzeug	il kit per (la riparazione di) forature il kit per (la ripara'tsjone di) fora'ture
Fahrradkorb	il cestino da bicicletta il tsche'ßtino da bitschi'kletta
Handbremse	il freno a mano il 'fräno a 'mano
Kinderfahrrad	la bicicletta per bambini la bitschi'kletta per bam'bini
Kindersitz	il seggiolino per bambini il ßeddscho'lino per bam'bini
Licht	la luce la 'lutsche
Luftpumpe	la pompa (da bicicletta) la 'pompa (da bitschi'kletta)
Radweg	la pista ciclabile la 'pißta tschi'klabile

Reifen	la ruota la ru'ɔta
Reifenpanne	la foratura fora'tura
Sattel	la sella la 'ßälla
Schlauch	la camera d'aria la 'kamera 'darja
Ventil	la valvola la 'walwola

Adventure-Sports

Ausritt	la cavalcata la kawal'kata
Ballonfahrt	il volo in pallone il 'wolo in pal'lone
Bungee-Jumping	il bungee jumping il 'bandschi 'dschaming
Fallschirmspringen	il paracadutismo il parakadu'tismo
Freeclimbing	il freeclimbing il fri'klaiming
Gleitschirmfliegen	il parapendio il parapen'dio
Kajak	il kayak il ka'jak
Kanu	la canoa la ka'nɔa
Kitesurfen	fare kitesurf 'fare kait'ßerf
Rafting	il rafting il 'rafting
reiten	cavalcare kawal'kare
Segelfliegen	il volo a vela il 'wolo a 'wela
Segelflugzeug	l'aliante la'ljante
segeln	navigare a vela nawi'gare a 'wela

Besichtigungen

Touristeninformation

Wo ist die Touristen-information?
Dov'è l'ufficio informazioni turistiche? do'wä luf'fitscho informa'tsjoni tu'rißtike?

Ich möchte ▶
Vorrei ▶ wor'räi ▶
▶ einen Plan von der Umgebung.
▶ una cartina della zona. 'una kar'tina 'della 'dsona.
▶ einen Stadtplan.
▶ una pianta della città. 'una 'pjanta 'della tschit'ta.
▶ einen U-Bahn-Plan.
▶ una cartina della metropolitana. 'una kar'tina 'della metropoli'tana.

Haben Sie auch Prospekte auf Deutsch?
Avete anche depliant in tedesco? a'wete 'anke de'pljan in te'deßko?

Welche Sehenswürdigkeiten gibt es hier?
Quali sono le cose importanti da vedere qui? ku'ali 'ßono le 'kɔse impor'tanti da we'dere ku'i?

Gibt es ▶
Ci sono ▶ della città? tschi 'ßono ▶ 'della tschit'ta?

▶ Stadtrundfahrten?
▶ giri turistici (organizzati) 'dschiri tu'rißtitschi (organid'dsati)

▶ Stadtführungen?
▶ visite guidate 'wisite gui'date

Besichtigungen

Was kostet die ▸	Quanto costa il biglietto per ▸
	ku'anto 'kɔʃta il biljetto per ▸
▸ Rundfahrt?	▸ il giro turistico della città?
	il 'dschiro tu'rißtiko 'della tschit'ta?
▸ Führung?	▸ la visita guidata?
	la 'visita gui'data?
Wie lange dauert die ▸	Quanto dura ▸ ku'anto 'dura ▸
▸ Rundfahrt?	▸ il giro turistico della città?
	il 'dschiro tu'rißtiko 'della tschit'ta?
▸ Führung?	▸ la visita guidata?
	la 'visita gui'data?
Bitte ▸ für die Stadtrundfahrt.	▸ per la visita guidata, per favore. ▸ per la 'wisita gui'data, per fa'wore.
▸ eine Karte	▸ Un biglietto un bi'ljetto
▸ zwei Karten	▸ Due biglietti 'due bi'ljetti
Wann ist … geöffnet?	Quando apre …? ku'ando 'apre …?
Bitte für den Ausflug morgen nach … zwei Plätze.	Due biglietti per la gita di domani a …, per favore. 'due bi'ljetti per la 'dschita di do'mani a …, per fa'wore.

Wann treffen wir uns?	Quando ci ritroviamo? ku'ando tschi ritro'wjamo?	
Wo treffen wir uns?	Dove ci ritroviamo? 'dowe tschi ritro'wjamo?	
Besichtigen wir auch …?	Andiamo a vedere anche …? an'djamo a we'dere 'anke …?	

Besichtigungen

Wie viel kostet ▶ — Quanto costa ▶ ku'anto 'kɔßta ▶
▶ der Eintritt? — ▶ il biglietto d'ingresso?
  il bi'ljetto din'gräßo?
▶ die Führung? — ▶ la visita guidata?
  la 'wisita gui'data?

Gibt es auch Führungen auf Deutsch?	C'è una guida che parla tedesco? tschä 'una gu'ida ke 'parla te'deßko?
Gibt es eine Ermäßigung für ▶	C'è una riduzione per ▶ tschä 'una ridu'tsjone per ▶
▶ Familien?	▶ famiglie? fa'milje?
▶ Kinder?	▶ bambini? bam'bini?
▶ Senioren?	▶ anziani? an'tsjani?
▶ Studenten?	▶ studenti? ßtu'dänti?
Eine Karte bitte.	Un biglietto, per favore. un bi'ljetto, per fa'wore.

Besichtigungen

Zwei Karten bitte.	**Due biglietti, per favore.** due bi'ljetti, per fa'wore.
Zwei Erwachsene, zwei Kinder, bitte.	**Due adulti e due bambini, per favore.** 'due a'dulti e 'due bam'bini, per fa'wore.
Wann beginnt die Führung?	**Quando inizia la visita guidata?** ku'ando i'nitsja la 'wisita gui'data?
Haben Sie einen Katalog?	**C'è un catalogo?** tschä un ka'talogo?
Ich hätte gern einen Audioguide ▸	**Vorrei un'audioguida ▸** wor'räi unaudjogu'ida ▸
▸ auf Deutsch.	▸ **in tedesco.** in te'deßko.
▸ auf Englisch.	▸ **in inglese.** in in'glese.
Darf man fotografieren?	**Si possono fare fotografie?** ßi 'pɔßßono 'fare fotogra'fie?
Könnten Sie bitte ein Foto von ▸ machen?	**Può fare una foto di ▸, per favore?** pu'ɔ 'fare 'una 'fɔto di ▸, per fa'wore?
▸ mir	▸ **me** me
▸ uns	▸ **noi** noi
Was für ein ▸ ist das?	**Che ▸ è questo?** ke ▸ ä ku'eßto?
▸ Gebäude	▸ **edificio** edi'fitscho
▸ Denkmal	▸ **monumento** monu'mento

164 Aktivitäten

Weitere Wörter

Altar	l'altare la'tare
Altstadt	il centro storico, la città vecchia il 'tschɛntro 'ßtɔriko, la tschit'ta 'wäkkja
Amphitheater	l'anfiteatro lanfite'atro
Aquädukt	l'acquedotto lakkue'dotto
Architekt	l'architetto larki'tetto
Arena	l'arena la'rena
Atrium	l'atrio 'latrjo
Ausflugsboot	la barca per escursioni la 'barka per eßkur'ßjoni
Ausgrabungen	gli scavi lji 'ßkawi
Aussicht	il panorama il pano'rama
Ausstellung	la mostra la 'moßtra
Barock	il barocco il ba'rɔkko
Basilika	la basilica la ba'silika
Berg	la montagna la mon'tanja
Bibliothek	la biblioteca la bibljo'täka
Bild	il quadro il ku'adro
Bildhauer	lo scultore lo ßkul'tore
Brücke	il ponte il 'ponte
Brunnen	la fontana la fon'tana
Burg	la fortezza la for'tettsa
Büste	il busto il 'bußto
Denkmal	il monumento il monu'mento
Dom	il duomo il du'ɔmo

Deutsch	Italienisch	Aussprache
Epoche	l'epoca	'läpoka
Fassade	la facciata	la fat'tschata
Fenster	la finestra	la fi'näßtra
Festung	la fortezza	la for'tettsa
Fluss	il fiume	il 'fjume
Fresko	l'affresco	laf'freßko
Friedhof	il cimitero	il tschimi'täro
Fußgängerzone	la zona pedonale	la 'dsɔna pedo'nale
Galerie	la galleria d'arte	la galle'ria 'darte
Garten	il giardino	il dschar'dino
Gebäude	l'edificio	ledi'fitscho
Gebirge	le montagne	le mon'tanje
Gemälde	il quadro	il ku'adro
geöffnet	aperto	a'pärto
geschlossen	chiuso	'kjuso
Gewölbe	la volta	la 'wɔlta
Glocke	la campana	la kam'pana
Glockenturm	il campanile	il kampa'nile
Gobelin	l'arazzo	la'rattso
Gotik	il gotico	il 'gɔtiko
Gottesdienst	la messa	la 'meßa
Grab	la tomba	la 'tomba
griechisch	greco	'gräko
Hafen	il porto	il 'pɔrto
Halbinsel	la penisola	la pe'nisola

Aktivitäten

Hauptstadt	la capitale la kapi'tale
Haus	la casa la 'kasa
Hof	il cortile il kor'tile
Höhle	la grotta la 'grɔtta
Hügel	la collina la kol'lina
Inschrift	la scritta la 'ßkritta
Insel	l'isola 'lisola
Jahrhundert	il secolo il 'ßäkolo
jüdisch	ebreo e'bräo
Kaiser	l'imperatore limpera'tore
Kaiserin	l'imperatrice limpera'tritsche
Kapelle	la cappella la kap'pälla
Katakomben	le catacombe le kata'kombe
Kathedrale	la cattedrale la katte'drale
katholisch	cattolico kat'tɔliko
Kirche	la chiesa la 'kjäsa
Kirchturm	il campanile il kampa'nile
Klassizismus	il classicismo il klaßßi'tschismo
Kloster	il monastero, il convento il mona'ßtäro, il kon'wänto
Kopie	la copia la 'kɔpja
Kreuz (mit Christusfigur)	il crocifisso il krotschi'fißo
Kreuz (ohne Christusfigur)	la croce la 'krotsche
Kreuzgang	il chiostro il 'kjɔßtro

Kunst	l'arte	'larte
Künstler(in)	l'artista	lar'tißta
Kuppel	la cupola	la 'kupola
Landschaft	il paesaggio	il pae'saddscho
Maler	il pittore	il pit'tore
Malerei	la pittura	la pit'tura
Markt	il mercato	il mer'kato
Markthalle	il mercato coperto	il mer'kato ko'pärto
Marmor	il marmo	il 'marmo
Mauer	il muro	il 'muro
Mausoleum	il mausoleo	il mauso'läo
Mittelalter	il medioevo	il medjo'äwo
Modell	il modello	il mo'dällo
Mosaik	il mosaico	il mo'saiko
Museum	il museo	il mu'säo
Nationalpark	il parco nazionale	il 'parko natsjo'nale
Naturschutzgebiet	la zona protetta	la 'dsɔna pro'tätta
Obelisk	l'obelisco	lobe'lißko
Opernhaus	l'opera	'lɔpera
Orgel	l'organo	'lɔrgano
Original	l'originale	loridschi'nale
Park	il parco	il 'parko
Platz (in Stadt)	la piazza	la 'pjattsa
Porträt	il ritratto	il ri'tratto

Besichtigungen

Rathaus	il municipio	il muni'tschipjo
Religion	la religione	la reli'dschone
Renaissance	il Rinascimento	il rinaschi'mento
restauriert	restaurato	reßtau'rato
romanisch	romanico	ro'maniko
romantisch	romantico	ro'mantiko
römisch	romano	ro'mano
Ruine	la rovina	la ro'wina
Sammlung	la collezione	la kolle'tsjone
Sarkophag	il sarcofago	il ßar'kɔfago
Säule	la colonna	la ko'lonna
Schatzkammer	il tesoro	il te'sɔro
Schloss	il castello	il ka'ßtällo
Schlucht	la gola	la 'gola
See	il lago	il 'lago
Seilbahn	la funivia	la funi'wia
Skulptur	la scultura	la ßkul'tura
Stadion	lo stadio	lo 'ßtadjo
Stadtmauer	le mura (della città)	le 'mura ('della tschit'ta)
Stadtteil	il quartiere	il kuar'tjäre
Sternwarte	l'osservatorio astronomico	loßßerwa'tɔrjo aßtro'nɔmiko
Stil	lo stile	lo 'ßtile
Synagoge	la sinagoga	la ßina'gɔga
Tal	la valle	la 'walle

Deutsch	Italienisch	Aussprache
Tempel	il tempio	il 'tämpjo
Theater	il teatro	il te'atro
Töpferei	l'arte della ceramica	'larte 'della tsche'ramika
Tor	il portone	il por'tone
Triumphbogen	l'arco di trionfo	'larko di tri'onfo
Tropfsteinhöhle	la grotta (con stalattiti e stalattiti)	la 'grɔtta (kon ßtalat'titi e stalag'miti)
Turm	la torre	la 'torre
Überreste	i resti	i 'rästi
Universität	l'università	luniwerßi'ta
Vulkan	il vulcano	il wul'kano
Wachablösung	il cambio della guardia	il 'kambjo 'della gu'ardja
Wald	il bosco	il 'bɔßko
Wallfahrtsort	il luogo di pellegrinaggio	il lu'ɔgo di pellegri'naddscho
Wandmalerei	la pittura murale	la pit'tura mu'rale
Wappen	lo stemma	lo 'ßtämma
Wasserfall	la cascata	la ka'ßkata
Weinberg	il vigneto	il win'jeto
Weingut	l'azienda vinicola	la'dsjända wi'nikola
Weinkeller	la cantina	la kan'tina

Weinprobe	**la degustazione (di) vini**
	la deguẞta'tsjone (di) 'wini
Werk	**l'opera** 'lɔpera
Zeichnung	**il disegno** il di'senjo
Zoo	**lo zoo** lo 'dsɔo

Unterhaltung

Kulturveranstaltungen

Welche Veranstaltungen finden ▸ Woche statt?	Che manifestazioni ci sono ▸ settimana? ke manifeẞta'tsjoni tschi 'ẞono ẞetti'mana?
▸ diese	▸ **questa** ku'eẞta
▸ nächste	▸ **la prossima** la 'prɔẞẞima
Was wird heute gespielt?	Che cosa danno oggi? ke 'kɔsa 'danno 'ɔddschi?
Wann beginnt ▸	A che ora inizia ▸ a ke 'ora i'nitsja ▸
▸ die Vorstellung?	▸ **lo spettacolo?** lo ẞpet'takolo?
▸ das Konzert?	▸ **il concerto?** il kon'tschärto?
▸ der Film?	▸ **il film?** il film?
Ab wann ist Einlass?	A che ora si può entrare? a ke 'ora ẞi pu'ɔ en'trare?

Unterhaltung 171

Sind die Plätze nummeriert?	I posti sono numerati? i 'poʃti 'ßono nume'rati?
Haben Sie noch Karten für ▸	Ci sono ancora biglietti per ▸ tschi 'ßono an'kora bi'ljetti per ▸
▸ heute?	▸ oggi? ɔdd<u>sch</u>i?
▸ morgen?	▸ domani? do'mani?
Bitte zwei Karten für ▸	Due biglietti per ▸, per favore. 'due bi'ljetti per ▸, per fa'wore.
▸ heute.	▸ oggi ɔdd<u>sch</u>i
▸ heute Abend.	▸ stasera ßta'ßera
▸ morgen.	▸ domani do'mani
▸ die Vorstellung um … Uhr.	▸ lo spettacolo delle … lo ßpet'takolo 'delle …
▸ den Film um … Uhr.	▸ il film delle … il film 'delle …
Wie viel kostet eine Karte?	Quanto costa il biglietto? ku'anto 'kɔßta il bi'ljetto?
Gibt es eine Ermäßigung für ▸	C'è una riduzione per ▸ tschä 'una ridu'tsjone per ▸
▸ Kinder?	▸ bambini? bam'bini?
▸ Senioren?	▸ anziani? an'tsjani?
▸ Studenten?	▸ studenti? ßtu'dänti?
Wann ist die Vorstellung zu Ende?	A che ora finisce lo spettacolo? a ke 'ora fi'nische lo ßpet'takolo?

Weitere Wörter

Ballett	il balletto	il bal'letto
Kino	il cinema	il 'tschinema
Konzert	il concerto	il kon'tschärto
Musical	il musical	il 'mjusikol
Oper	l'opera	'lɔpera
Operette	l'operetta	lope'retta
Orchester	l'orchestra	lor'käßtra
Theater	il teatro	il te'atro
Zirkus	il circo	il 'tschirko

Ausgehen

Was kann man hier abends unternehmen?	Che cosa c'è da fare qui la sera? ke 'kɔsa tschä da 'fare ku'i la 'ßera?
Gibt es hier ▸	C'è ▸ da queste parti? tschä ▸ da ku'eßte 'parti?
▸ eine nette Kneipe?	▸ un locale carino un lo'kale ka'rino
▸ einen angesagten Club?	▸ un club alla moda un kleb 'alla 'moda
Wo kann man hier tanzen gehen?	Dove si può andare a ballare da queste parti? 'dowe ßi pu'ɔ an'dare a bal'lare da ku'eßte 'parti?

Unterhaltung

Ist hier noch frei?	**È libero qui?** ä 'libero ku'i?
Darf ich <u>Sie</u> | <u>dich</u> (zu einem Drink) einladen?	**<u>Le</u> | <u>Ti</u> posso offrire qualcosa (da bere)?** <u>le</u> | <u>ti</u> 'pɔßßo of'frire kual'kɔsa (da 'bere)?
Was möchten <u>Sie</u> | möchtest <u>du</u> trinken? ▸ Essen & Trinken, S. 100	**Che cosa <u>Le</u> | <u>ti</u> andrebbe di bere?** ke 'kɔsa <u>le</u> | <u>ti</u> an'dräbbe di 'bere?
Das Gleiche noch mal, bitte.	**Un altro, per favore.** un 'altro per fa'wore.
Tanzen Sie mit mir?	**Vuole ballare?** wu'ɔle bal'lare?
Tanzt du mit mir?	**Vuoi ballare?** wu'ɔi bal'lare?
Können Sie mir ein Taxi rufen?	**Mi può chiamare un taxi?** mi pu'ɔ kja'mare un 'takßi?

Gut zu wissen

Notruf **176**

Polizei **177**

Gesundheit **180**

Bank **200**

Post **203**

Telefon, Internet **204**

Notruf

Hilfe!	Aiuto! aj'uto!
Es ist ein Unfall passiert!	C'è stato un incidente! tschä 'ßtato un intschi'dänte!
Rufen Sie bitte einen Krankenwagen!	Chiami un'ambulanza! 'kjami unambu'lantsa!
Rufen Sie bitte einen Notarzt!	Chiami la guardia medica! 'kjami la gu'ardja 'mädika!
Bitte helfen Sie!	Per favore, mi aiuti! per fa'wore, mi aj'uti!
... Personen sind (schwer) verletzt.	... persone sono rimaste (gravemente) ferite. ... per'ßone 'ßono ri'maßte (grawe'mente) fe'rite.
Ich möchte mitkommen.	Vorrei venire anch'io. wor'räi we'nire an'kio.

Info Bei Unfällen wählen Sie die in ganz Italien gebührenfreie Nummer 118 der emergenza sanitaria. Alternativ helfen Ihnen auch die carabinieri unter der gebührenfreien Nummer 112 weiter.

Polizei

Wo ist das nächste Polizeirevier?	Dov'è il posto di polizia più vicino? do'wä il 'poßto di poli'tsia pju wi'tschino?
Ich möchte ▸ anzeigen.	Vorrei denunciare ▸ wor'räi denun'tschare ▸
▸ einen Diebstahl	▸ un furto. un 'furto.
▸ einen Überfall	▸ un'aggressione. unaggreß'ßjone.
▸ eine Vergewaltigung	▸ uno stupro. uno 'ßtupro.
Man hat mir ▸ gestohlen.	Mi hanno rubato ▸ mi 'anno ru'bato ▸
▸ meine Handtasche	▸ la mia borsetta. la 'mia bor'ßetta.
▸ mein Portemonnaie	▸ il mio portamonete. il 'mio portamo'nete.
Man hat mir ... gestohlen.	Mi hanno rubato ... mi 'anno ru'bato ...
Ich habe ... verloren.	Ho perso ... ɔ 'pärßo ...
Mein Auto ist aufgebrochen worden.	Mi hanno forzato la macchina. mi 'anno for'tsato la 'makkina.

Ich bin betrogen worden.	Sono ♂ stato truffato / ♀ stata truffata. 'ßono ♂ 'ßtato truf'fato / ♀ 'ßtata truf'fata.
Ich bin zusammengeschlagen worden.	Mi hanno ♂ picchiato / ♀ picchiata. mi 'anno ♂ pik'kjato / ♀ pik'kjata.
Ich brauche eine Bescheinigung für meine Versicherung.	Mi serve l'originale della denuncia per la mia assicurazione. mi 'serwe loridschi'nale 'della de'nuntscha per la 'mia aßßikura'tsjone.
Ich möchte mit meinem ▸ sprechen. ▸ Anwalt ▸ Konsulat	Vorrei parlare con il mio ▸ wor'räi par'lare kon il 'mio ▸ ▸ avvocato. awwo'kato. ▸ consolato. konßo'lato.
Ich bin unschuldig.	Sono innocente. 'ßono inno'tschänte.

Das könnten Sie hören:
Compili questo modulo, per favore.
kom'pili ku'eßto 'mɔdulo, per fa'wore.
                  Füllen Sie bitte dieses
                  Formular aus.

Polizei

I Suoi documenti, per favore.
i ßu'ɔi doku'menti, per fa'wore.
> Ihren Ausweis bitte.

Quando è successo?
ku'ando ä ßut'tschäßßo?
> Wann ist es passiert?

Dove è successo?
'dowe ä ßut'tschäßßo?
> Wo ist es passiert?

Si rivolga al Suo consolato, per favore.
ßi ri'wɔlga al 'ßuo konßo'lato, per fa'wore.
> Wenden Sie sich bitte an Ihr Konsulat.

Weitere Wörter

Anzeige	la denuncia	la de'nuntscha
belästigen	importunare	importu'nare
Botschaft (diplomatische Vertretung)	l'ambasciata	lamba'schata
Dieb	il ladro	il 'ladro
Falschgeld	il denaro falso	il de'naro 'falßo
Fundbüro	l'ufficio oggetti smarriti	luf'fitscho od'dschätti ßmar'riti
Handtasche	la borsetta	la bor'setta

Navigationsgerät	il navigatore (satellitare)
	il naviga'tore (ßatelli'tare)
Polizei	la polizia la poli'tsia
Rauschgift	la droga la 'drɔga
Taschendieb	il borsaiolo il borßa'jɔlo
Unfall	l'incidente lintschi'dänte
verhaften	arrestare arre'ßtare
Zeuge	il testimone il teßti'mɔne

Gesundheit

Apotheke

Wo ist die nächste Apotheke (mit Nachtdienst)?	Dov'è la farmacia (con servizio notturno) più vicina? do'wä la farma'tschia (kon ßer'witsjo not'turno) pju wi'tschina?
Haben Sie etwas gegen ...?	Ha qualcosa contro ...? a kual'kɔsa 'kontro ...?

▸ *Krankheiten, Beschwerden, S. 193*

Info In großen Städten gibt es Apotheken, die rund um die Uhr geöffnet sind. In kleineren Orten sind die Adressen und Öffnungszeiten der Tagespresse zu entnehmen. Nacht- und Sonderdienste sind, wie in Deutschland, an den Apotheken angezeigt.

Gesundheit

Ich brauche dieses Medikament.	Mi serve questa medicina. mi 'ßärwe ku'eßta medi'tschina.

Das könnten Sie hören:
Per questa medicina ci vuole la ricetta.
per ku'eßta medi'tschina tschi wu'ɔle la ri'tschätta.

> Dieses Medikament ist rezeptpflichtig.

Al momento non l'abbiamo.
al mo'mento non lab'bjamo.

> Das haben wir nicht da.

Dobbiamo ordinarla.
dob'bjamo ordi'narla.

> Wir müssen es bestellen.

Wann kann ich es abholen?	Quando posso averla? ku'ando 'pɔßßo a'werla?

Medikamente

Abführmittel	il lassativo	il laßßa'tiwo
Antibiotikum	l'antibiotico	lanti'bjɔtiko
Augentropfen	il collirio	il kol'lirjo
Beruhigungsmittel	il calmante	il kal'mante
Desinfektionsmittel	il disinfettante	il disinfet'tante

Elastikbinde	la fascia elastica la 'fascha e'laßtika
fiebersenkendes Mittel	l'antipiretico lantipi'rätiko
Fieberthermometer	il termometro il ter'mɔmetro
Halsschmerz-tabletten	le pastiglie contro il mal di gola le pa'ßtilje 'kontro il mal di 'gola
homöopathisch	omeopatico omeo'patiko
Hustensaft	lo sciroppo per la tosse lo schi'rɔppo per la 'toßße
Insulin	l'insulina linßu'lina
Jod	lo iodio lo 'jɔdjo
Kohletabletten	le compresse di carbone vegetale le kom'präßße di kar'bone wedsche'tale
Kopfschmerz-tabletten	le pastiglie contro il mal di testa le pa'ßtilje 'kontro il mal di 'täßta
Kreislaufmittel	il farmaco per tonificare la circolazione il 'farmako per tonifi'kare la tschirkola'tsjone
Magentabletten	le pastiglie per il mal di stomaco le pa'ßtilje per il mal di 'ßtɔmako
Mittel gegen ...	qualcosa contro ... kual'kɔsa 'kontro ...

Gesundheit 183

Mullbinde	**la garza** la 'gardsa
Nasentropfen	**le gocce per il naso** le 'gottsche per il 'naso
Ohrentropfen	**le gocce per le orecchie** le 'gottsche per le o'rekkje
Pflaster	**il cerotto** il tsche'rotto
Rezept	**la ricetta** la ri'tschätta
Salbe gegen Mückenstiche	**la pomata contro le punture di zanzara** la po'mata 'kontro le pun'ture di dsan'dsara
Salbe gegen Sonnenallergie	**la pomata contro l'eritema solare** la po'mata 'kontro leri'täma ßo'lare
Salbe gegen Sonnenbrand	**la pomata contro le scottature solari** la po'mata 'kontro le ßkotta'ture ßo'lari
Schlaftabletten	**il sonnifero** il ßon'nifero
Schmerzmittel	**l'analgesico** lanal'dschesiko
Tabletten gegen ...	**le compresse, le pastiglie contro ...** le kom'präße, le pa'ßtilje 'kontro ...
Tropfen	**le gocce** le 'gottsche
Verbandzeug	**il kit per il pronto soccorso** il kit per il 'pronto ßok'korßo
Wundsalbe	**la pomata per le ferite** la po'mata per le fe'rite
Zäpfchen	**la supposta** la ßup'poßta

Arzt

Können Sie mir einen ▸ empfehlen?	Mi può consigliare un ▸ mi pu'ɔ konßi'ljare un ▸
▸ praktischen Arzt	▸ medico generico? 'mädiko dsche'näriko?
▸ Zahnarzt	▸ dentista? den'tißta?
Spricht er Deutsch?	Parla tedesco? 'parla te'deßko?
Spricht er Englisch?	Parla inglese? 'parla in'glese?
Wo ist seine Praxis?	Dov'è il suo studio? do'wä il 'ßuo 'ßtudjo?
Wann hat er Sprechstunde?	Quando riceve? ku'ando ri'tschewe?
Kann er herkommen?	Fa visite a domicilio? fa 'wisite a domi'tschiljo?
Ich habe ▸	Ho ▸ ɔ ▸
▸ Kopfschmerzen.	▸ mal di testa. mal di 'täßta.
▸ Halsschmerzen.	▸ mal di gola. mal di 'gola.
▸ hohes Fieber.	▸ la febbre alta. la 'fäbbre 'alta.
▸ Fieber.	▸ la febbre. la 'fäbbre.
▸ Durchfall.	▸ la diarrea. la djar'räa.

Info Ärzte werden nur mit ihrem Titel dottore, Ärztinnen mit dottoressa angeredet.

Gesundheit

Ich bin (stark) erkältet.	**Ho un (forte) raffreddore.** ɔ un ('fɔrte) raffred'dore.
Mir ist schwindelig.	**Mi gira la testa.** mi 'dschira la 'täßta.
Mir tut … weh. *Körperteile, S. 191*	**Mi fa male …** mi fa 'male …
Mir tun … weh.	**Mi fanno male …** mi 'fanno 'male …
Hier habe ich Schmerzen.	**Ho dei dolori qui.** ɔ 'dei do'lori ku'i.
Ich habe mich (mehrmals) übergeben.	**Ho vomitato (più volte).** ɔ womi'tato (pju 'wɔlte).
Ich habe mir den Magen verdorben.	**Ho fatto indigestione.** ɔ 'fatto indidsche'ßtjone.
Ich bin ohnmächtig geworden.	**Sono ♂ svenuto / ♀ svenuta.** 'ßono ♂ swe'nuto / ♀ swe'nuta.
Ich kann … nicht bewegen.	**Non posso muovere …** non 'pɔßßo mu'ɔwere …
Ich habe mich verletzt.	**Mi sono ♂ ferito / ♀ ferita.** mi 'ßono ♂ fe'rito / ♀ fe'rita.

Ich bin gestürzt.	Sono ♂ caduto / ♀ caduta. 'ßono ♂ ka'duto / ♀ ka'duta.
Mich hat ... gestochen.	Mi ha punto ... mi ha 'punto ...
Mich hat ... gebissen.	Mi ha morso ... mi ha 'mɔrßo ...
Ich bin (nicht) gegen ... geimpft.	(Non) Sono ♂ vaccinato / ♀ vaccinata contro ... (non) 'ßono ♂ wattschi'nato / ♀ wattschi'nata 'kontro ...
Ich bin allergisch gegen Penizillin.	Sono ♂ allergico / ♀ allergica alla penicillina. 'ßono ♂ al'lärdschiko / ♀ al'lärdschika 'alla penitschil'lina.
Mein Kind ist allergisch gegen Milchprodukte.	Il mio bambino è allergico ai latticini. il 'mio bam'bino ä al'lärdschiko ai latti'tschini.
Ich habe einen ▸ Blutdruck. ▸ hohen ▸ niedrigen	Ho la pressione ▸ ɔ la preß'ßjone ▸ ▸ alta. 'alta. ▸ bassa. 'baßßa.
Ich habe einen Herzschrittmacher.	Porto un pace-maker. 'pɔrto un peiß'meiker.

Gesundheit

Ich bin (im ... Monat) schwanger.	**Sono incinta (di ... mesi).** 'ßono in'tschinta (di ... 'mesi).
Ich bin Diabetiker.	**Sono ♂ diabetico / ♀ diabetica.** 'ßono ♂ dja'bätiko / ♀ dja'bätika.
Ich nehme regelmäßig diese Medikamente.	**Prendo regolarmente queste medicine.** 'prändo regolar'mente ku'eßte medi'tschine.

Das könnten Sie hören:

Che disturbi ha?   Was für Beschwerden haben Sie?
ke di'ßturbi a?

Dove Le fa male?   Wo haben Sie Schmerzen?
'dowe le fa 'male?

Fa male questo?   Tut das weh?
fa 'male ku'eßto?

Mi faccia vedere la lingua.
mi 'fattscha we'dere la 'lingua.
                Zeigen Sie die Zunge.

Si spogli fino alla vita, per favore.
ßi 'ßpɔlji 'fino 'alla 'wita, per fa'wore.
                Bitte machen Sie den Oberkörper frei.

Deve fare una radiografia.
'dewe 'fare 'una radjogra'fia.
                Wir müssen Sie röntgen.

Respiri profondamente. Trattenga il respiro.
re'ßpiri profonda'mente. trat'tänga il re'ßpiro.
                Atmen Sie tief ein. Atem anhalten.

Da quanto tempo ha questi disturbi?
da ku'anto 'tämpo a ku'eßti di'ßturbi?
                Wie lange haben Sie diese
                Beschwerden schon?

È ♂ vaccinato / ♀ vaccinata contro ...?
ä ♂ wattschi'nato / ♀ wattschi'nata 'kontro ...?
                Sind Sie gegen ... geimpft?

Deve operarsi.   Sie müssen operiert werden.
'dewe ope'rarßi.

Non è niente di grave.
no'nä 'njänte di 'grawe.
                Es ist nichts Ernstes.

Torni domani.   Kommen Sie morgen wieder.
'torni do'mani.

Torni fra ... giorni.
'torni fra ... 'dschorni.
                Kommen Sie in ... Tagen wieder.

Gesundheit

Können Sie mir ein Attest ausstellen?	Mi può rilasciare un certificato medico? mi pu'ɔ rila'schare un tschertifi'kato 'mädiko?
Muss ich noch einmal kommen?	Devo tornare ancora? 'dewo tor'nare an'kora?
Ich brauche eine Quittung für meine Versicherung.	Mi serve una ricevuta per la mia assicurazione. mi 'serwe 'una ritsche'wuta per la 'mia aßßikura'tsjone.

Ärzte

Arzt	il dottore, il medico il dot'tore, il 'mädiko
Ärztin	la dottoressa la dotto'reßßa
Augenarzt	l'oculista loku'lißta
Frauenarzt	il ginecologo il dschine'kɔlogo
Frauenärztin	la ginecologa la dschine'kɔloga
Hals-Nasen-Ohren-Arzt	l'otorinolaringoiatra lotorinolaringo'jatra
Hautarzt	il dermatologo il derma'tɔlogo
Heilpraktiker	il naturopata il natu'rɔpata
Kinderarzt	il pediatra il pe'djatra
Orthopäde	l'ortopedico lorto'pädiko
Urologe	l'urologo lu'rɔlogo
Zahnarzt	il dentista il den'tißta

Krankenhaus

Spricht hier jemand Deutsch?	C'è qualcuno che parla tedesco? tschä kual'kuno ke 'parla te'deßko?
Ich möchte mit einem Arzt sprechen.	Vorrei parlare con un medico. wor'räi par'lare kon un 'mädiko.
Ich möchte mich lieber in Deutschland operieren lassen.	Preferirei farmi operare in Germania. preferi'räi 'farmi ope'rare in dscher'manja.
Ich habe eine Versicherung für den Rücktransport.	Sono ♂ assicurato / ♀ assicurata per il rientro sanitario. 'ßono ♂ aßßiku'rato / ♀ aßßiku'rata per il ri'entro ßani'tarjo.
Bitte benachrichtigen Sie meine Familie.	Avvisi la mia famiglia, per favore. aw'wisi la 'mia fa'milja, per fa'wore.
Schwester, können Sie mir helfen?	Infermiera, mi può aiutare? infer'mjära, mi pu'ò aju'tare?
Geben Sie mir bitte etwas ▸	Mi dia qualcosa ▸, per favore. mi 'dia kual'kɔsa ▸, per fa'wore.
▸ gegen die Schmerzen.	▸ contro i dolori 'kontro i do'lori
▸ zum Einschlafen.	▸ per dormire per dor'mire

Körperteile

Auge	l'occhio 'lɔkkjo
Bandscheibe	il disco intervertebrale il 'diſko interwerte'brale
Bauch	la pancia la 'pantscha
Becken	il bacino il ba'tschino
Blase	la vescica la we'schika
Blinddarm	l'appendice lappen'ditsche
Blut	il sangue il 'ßangue
Bronchien	i bronchi i 'bronki
Brust	il petto il 'pätto
Darm	l'intestino linte'ßtino
Ferse	il tallone il tal'lone
Galle	la bile la 'bile
Gehirn	il cervello il tscher'wällo
Gelenk	l'articolazione lartikola'tsjone
Gesäß	il sedere il ße'dere
Gesicht	la faccia la 'fattscha
Hals (vorne)	la gola la 'gola
Hals (ganz)	il collo il 'kɔllo
Haut	la pelle la 'pälle
Herz	il cuore il ku'ɔre
Hüfte	l'anca 'lanka
Kehlkopf	la laringe la la'rindsche
Knie	il ginocchio, le ginocchia *pl* il dschi'nɔkkjo, le dschi'nɔkkja
Knöchel	il malleolo il mal'läolo

Knochen	l'osso	'lɔßßo
Leber	il fegato	il 'fegato
Lunge	il polmone	il pol'mone
Magen	lo stomaco	lo 'ßtɔmako
Mandeln	le tonsille	le ton'ßille
Muskel	il muscolo	il 'mußkolo
Nacken	la nuca	la 'nuka
Nebenhöhle	il seno paranasale	il 'ßeno parana'sale
Nerv	il nervo	il 'närwo
Niere	il rene	il 'rene
Ohr	l'orecchio	lo'rekkjo
Rippe	la costola	la 'kɔßtola
Rücken	la schiena	la 'ßkjäna
Schienbein	la tibia	la'tibja
Schilddrüse	la tiroide	la ti'rɔide
Schleimhaut	la mucosa	la mu'kosa
Schlüsselbein	la clavicola	la kla'wikola
Schulter	la spalla	la 'ßpalla
Sehne	il tendine	il 'tändine
Stirn	la fronte	la 'fronte
Stirnhöhle	il seno frontale	il 'ßeno fron'tale
Wade	il polpaccio	il pol'pattscho
Wirbel	la vertebra	la 'wärtebra
Wirbelsäule	la spina dorsale	la 'ßpina dor'ßale

Krankheiten, Beschwerden

Abszess	l'ascesso la'schäßo
Aids	l'Aids laidi'esse, 'laids
Angina	l'angina lan'dschina
ansteckend	contagioso konta'dschoso
Asthma	l'asma 'lasma
Atembeschwerden	le difficoltà respiratorie le diffikol'ta reßpira'tɔrje
Ausschlag	l'eruzione cutanea leru'tsjone ku'tanea
Bänderriss	lo strappo ai legamenti lo 'ßtrappo ai lega'menti
Bänderzerrung	la distrazione dei legamenti la dißtra'tsjone 'dei lega'menti
Bindehautentzündung	la congiuntivite la kondschunti'wite
Biss	il morso il 'mɔrßo
Blase	la vescica la we'schika
Blasenentzündung	la cistite la tschi'ßtite
Blinddarmentzündung	l'appendicite lappendi'tschite
Blutung	l'emorragia lemorra'dschia
Blutvergiftung	la setticemia la ßettitsche'mia
Bronchitis	la bronchite la bron'kite
Bypass	il bypass il bai'paß
Diabetes	il diabete il dja'bäte
Durchfall	la diarrea la djar'räa

Entzündung	l'infiammazione linfjamma'tsjone
Erbrechen	il vomito il 'womito
Erkältung	il raffreddore il raffred'dore
Gallensteine	i calcoli biliari i 'kalkoli bi'ljari
gebrochen	rotto 'rotto
Gehirnerschütterung	la commozione cerebrale la kommo'tsjone tschere'brale
Geschlechtskrankheit	la malattia venerea la malat'tia we'närea
Geschwulst	il tumore il tu'more
Geschwür	l'ulcera 'lultschera
Grippe	l'influenza linflu'äntsa
Hämorriden	le emorroidi le emor'rɔidi
Herzanfall	l'attacco cardiaco lat'takko kar'diako
Herzfehler	il vizio cardiaco il 'witsio kar'diako
Herzinfarkt	l'infarto cardiaco lin'farto kar'diako
Herzschrittmacher	il pace-maker il peiß'meiker
Heuschnupfen	il raffreddore da fieno il raffred'dore da 'fjäno
Hexenschuss	il colpo della strega, la lombaggine il 'kolpo 'della 'ßträga, la lom'baddschine

Gesundheit

Deutsch	Italienisch	Aussprache
Hirnhautentzündung	la meningite	la menin'dschite
hoher Blutdruck	la pressione alta	la preß'ßjone 'alta
Husten	la tosse	la 'toßse
Infektion	l'infezione	linfe'tsjone
Ischias	la sciatica	la 'schatika
Keuchhusten	la pertosse	la per'toßse
Kinderlähmung	la poliomielite	la poljomje'lite
Kolik	la colica	la 'kɔlika
Krampf	il crampo	il 'krampo
Krankheit	la malattia	la malat'tia
Krebs	il cancro	il 'kankro
Kreislaufstörungen	i disturbi circolatori	i di'ßturbi tschirkola'tori
Lebensmittelvergiftung	l'intossicazione alimentare	lintoßßika'tsjone alimen'tare
Leistenbruch	l'ernia inguinale	'lärnja ingui'nale
Lungenentzündung	la polmonite	la polmo'nite
Magengeschwür	l'ulcera gastrica	'lutschera 'gaßtrika
Magenschmerzen	il mal di stomaco	il mal di 'ßtɔmako
Mandelentzündung	la tonsillite	la tonßil'lite
Masern	il morbillo	il mor'billo
Migräne	l'emicrania	lemi'kranja

Mittelohr-entzündung	l'otite media	lo'tite 'mädja
Mumps	gli orecchioni	lji orek'kjoni
Muskelzerrung	lo stiramento muscolare	lo ßtira'mento mußko'lare
Nasenbluten	l'emorragia nasale	lemorra'dschia na'sale
Neuralgie	la nevralgia	la newral'dschia
niedriger Blutdruck	la pressione bassa	la preß'ßjone 'baßßa
Nierensteine	i calcoli renali	i 'kalkoli re'nali
Pilzinfektion	la micosi	la mi'kɔsi
Prellung	la contusione	la kontu'sjone
Reisekrankheit	la malattia da viaggio, la chinetosi	la malat'tia da 'wjaddscho, la kine'tosi
Rheuma	i reumatismi	i reuma'tismi
Röteln	la rosolia	la roso'lia
Salmonellenvergiftung	la salmonellosi	la ßalmonel'losi
Scharlach	la scarlattina	la ßkarlat'tina
Scheidenentzündung	la vaginite	la wadschi'nite
Schlaganfall	il colpo apoplettico	il 'kolpo apo'plättiko
Schnupfen	il raffreddore	il raffred'dore
Schock	lo shock	lo schɔk

Gesundheit

Schüttelfrost	i brividi (di febbre)
	i 'briwidi (di 'fäbbre)
Schweißausbruch	l'accesso di sudore
	lat'schäßßo di ßu'dore
Schwellung	il gonfiore il gon'fjore
Schwindel	le vertigini le wer'tidschini
Sehnenzerrung	lo stiramento (dei tendini)
	lo ßtira'mento ('dei 'tändini)
Sodbrennen	il bruciore di stomaco
	il bru'tschore di 'ßtomako
Sonnenbrand	la scottatura (solare)
	la ßkotta'tura (ßo'lare)
Sonnenstich	l'insolazione linßola'tsjone
Stich	la puntura la pun'tura
Tetanus	il tetano il 'tätano
Übelkeit	la nausea la 'nausea
Verbrennung	l'ustione lu'ßtjone
Verletzung	la ferita la fe'rita
verrenkt	lussato, slogato
	luß'ßato, slo'gato
verstaucht	slogato slo'gato
Verstopfung	la stitichezza la ßtiti'kettsa
Windpocken	la varicella la wari'tschälla
Wunde	la ferita la fe'rita
Zeckenbiss	la puntura di zecca
	la pun'tura di 'dsekka
Zyste	la cisti la 'tschißti

Zahnarzt

Dieser Zahn hier tut weh.	Questo dente mi fa male. ku'eßto 'dänte mi fa 'male.
Der Zahn ist abgebrochen.	Mi si è rotto questo dente. mi si ä 'rotto ku'eßto 'dänte.
Ich habe eine Füllung verloren.	È andata via l'otturazione. ä an'data 'wia lottura'tsjone.
Können Sie den Zahn provisorisch behandeln?	Può fare soltanto un trattamento provvisorio? pu'ɔ 'fare ßol'tanto un tratta'mento prowwi'sɔrjo?
Den Zahn bitte nicht ziehen.	Non mi tolga il dente, per favore. non mi 'tɔlga il 'dänte, per fa'wore.
Geben Sie mir bitte eine Spritze.	Mi faccia l'iniezione. mi 'fattscha linje'tsjone.
Geben Sie mir bitte keine Spritze.	Non mi faccia l'iniezione. non mi 'fattscha linje'tsjone.
Können Sie diese Prothese reparieren?	Potrebbe ripararmi questa protesi dentaria? po'träbbe ripa'rarmi ku'eßta 'prɔtesi den'tarja?

Gesundheit 199

Das könnten Sie hören:
C'è bisogno di un'otturazione.
'tschä bi'sonjo di unottura'tsjone.
<blockquote>Sie brauchen eine Füllung.</blockquote>

C'è bisogno di una capsula.
'tschä bi'sonjo di'una 'kapßula.
<blockquote>Sie brauchen eine Krone.</blockquote>

Devo estrarre il dente.
'dewo e'ßtrarre il 'dänte.
<blockquote>Ich muss den Zahn ziehen.</blockquote>

Non mangi niente per due ore.
non 'mandschi 'njänte per 'due 'ore.
<blockquote>Bitte zwei Stunden nichts essen.</blockquote>

Weitere Wörter

Abdruck	l'impronta	lim'pronta
Amalgamfüllung	l'otturazione in amalgama	lottura'tsjone in a'malgama
Gebiss	la dentiera	la den'tjära
Goldinlay	l'otturazione d'oro	lottura'tsjone 'dɔro
Inlay	l'inlay	lin'lei
Karies	la carie	la 'karje

Kiefer	la mascella la ma'schälla
Kunststofffüllung	l'otturazione in materiale sintetico lottura'tsjone in mate'rjale ßin'tätiko
Nerv	il nervo il 'närwo
Parodontose	la paradentosi la paraden'tɔsi
Porzellanfüllung	l'otturazione in porcellana lottura'tsjone in portschel'lana
Weisheitszahn	il dente del giudizio il 'dänte del dschu'ditsjo
Wurzel	la radice la ra'ditsche
Wurzelbehandlung	il trattamento della radice il tratta'mento 'della ra'ditsche
Zahnfleisch	la gengiva la dschen'dschiwa
Zahnfleisch- entzündung	la gengivite la dschendschi'wite

Bank

Entschuldigen Sie bitte, wo ist hier ▶	Scusi, c'è ▶ qui vicino? 'ßkusi, tschä ▶ ku'i wi'tschino?
▶ eine Bank?	▶ una banca 'una 'banka
▶ ein Geldautomat?	▶ uno sportello bancomat 'uno ßpor'tällo 'bankomat
Wo kann ich Geld wechseln?	Dove posso cambiare dei soldi? 'dowe 'pɔßßo kam'bjare 'dei 'ßɔldi?

Bank

Info Banken sind von Montag bis Freitag in der Regel vormittags von 8.30–13.30 Uhr und nachmittags von 14.30–15.30 Uhr geöffnet. An Geldautomaten (bankomat) bekommen Sie rund um die Uhr Geld.

Ich möchte … Euro umtauschen.	Vorrei cambiare … Euro. wor'räi kam'bjare … 'äuro.
Ich möchte … Schweizer Franken umtauschen.	Vorrei cambiare … franchi svizzeri. wor'räi kam'bjare … 'franki 'swittseri.
Wie hoch sind die Gebühren?	Quanto è di commissione? ku'anto ä di kommiß'ßjone?

Das könnten Sie hören:
Un Suo documento, per favore.
un 'ßuo doku'mento, per fa'wore.
　　　　　　　　　Ihren Ausweis bitte.

Che tagli preferisce? ke 'talji prefe'rische?	Wie möchten Sie das Geld haben?
In kleinen Scheinen, bitte.	Banconote di piccolo taglio, per favore. banko'note di 'pikkolo 'taljo, per fa'wore.

Gut zu wissen

Der Geldautomat hat meine Karte einbehalten. | Il bancomat si è tenuto la mia carta. il ˈbankomat ßi ä teˈnuto la ˈmia ˈkarta.

Ich habe meine Geheimzahl vergessen. | Non ricordo il codice segreto. non riˈkordo il ˈkoditsche ßeˈgreto.

Weitere Wörter

Betrag	l'importo limˈporto
EC-Karte	la carta eurocheque la ˈkarta äuroˈschäk
Geheimzahl	il codice segreto il ˈkoditsche ßeˈgreto
Geldautomat	il bancomat il ˈbankomat
Kreditkarte	la carta di credito la ˈkarta di ˈkredito
Kurs	il cambio il ˈkambjo
Münze	la moneta la moˈneta
Schalter	lo sportello lo ßporˈtällo
Schweizer Franken	il franco svizzero il ˈfranko ˈswittsero
Überweisung	il bonifico il boˈnifiko
Unterschrift	la firma la ˈfirma
Währung	la valuta la waˈluta
Wechselstube	l'agenzia di cambio laˈdschenˈtsia di ˈkambjo

Post

Wo ist das nächste Postamt?	Dov'è l'ufficio postale più vicino? do'wä luf'fitscho po'ßtale pju wi'tschino?
Wo ist der nächste Briefkasten?	Dov'è la buca delle lettere più vicina? do'wä la 'buka 'delle 'lättere pju wi'tschina?
Was kostet ein Brief ▸	Quanto costa spedire una lettera ▸ ku'anto 'kɔßta ßpe'dire 'una 'lättera ▸
▸ nach Deutschland?	▸ in Germania? in dscher'manja?
▸ nach Österreich?	▸ in Austria? in 'außtrja?
▸ in die Schweiz?	▸ in Svizzera? in 'swittsera?
Was kostet eine Karte nach ...?	Quanto costa spedire una cartolina per ...? ku'anto 'kɔßta ßpe'dire 'una karto'lina per ...?
Fünf Briefmarken zu ... bitte.	Cinque francobolli da ..., per favore. 'tschinkue franko'bolli da ..., per fa'wore.
Ich möchte dieses Paket per ▸ aufgeben.	Vorrei spedire questo pacco per ▸ wor'räi ßpe'dire ku'eßto 'pakko per ▸
▸ Luftpost	▸ via aerea. 'wia a'ärea.
▸ Seepost	▸ via mare. 'wia 'mare.

Telefon, Internet

Wo kann ich hier telefonieren?	Dov'è che si può telefonare? do'wä ke ßi pu'ɔ telefo'nare?
Ich hätte gern eine Telefonkarte.	Vorrei una scheda telefonica. wor'räi 'una 'ßkäda tele'fɔnika.
Ich möchte eine SIM-Karte kaufen.	Vorrei una scheda SIM. wor'räi 'una 'ßkäda ßim.
Ich hätte gerne eine Prepaid-Karte.	Vorrei una scheda prepagata. wor'räi 'una 'ßkäda prepa'gata.
Ich möchte mein Guthaben aufladen.	Vorrei ricaricare la mia carta. wor'räi rikari'kare la 'mia 'karta.
Hallo? Hier ist ...	Pronto? Sono ... 'pronto? 'ßono ...
Ich möchte ... sprechen.	Vorrei parlare con ... wor'räi par'lare kon ...
Ich rufe später noch mal an.	Richiamo più tardi. ri'kjamo pju 'tardi.
Wo gibt es hier ein Internet-Café?	C'è un internet caffè da queste parti? tschä un internetkaf'fä da ku'eßte 'parti?

Wo gibt es kostenlosen WLAN-Zugang?	Sa dirmi dove posso trovare un accesso WLAN gratuito? ßa 'dirmi 'dowe 'pɔßßo tro'ware un at'tschäßßo 'wulan gra'tuito?
Welchen Computer kann ich benutzen?	Quale computer posso usare? ku'ale kom'pjuter 'pɔßßo u'sare?
Was kostet das für eine Viertelstunde?	Quanto costa un quarto d'ora di collegamento? ku'anto 'kɔßta un ku'arto 'dora di kollega'mento?
Können Sie mir bitte helfen?	Mi potrebbe aiutare? mi po'träbbe aju'tare?
Ich möchte etwas ▸	Vorrei ▸ una cosa. wor'räi ▸ 'una 'kɔsa.
▸ ausdrucken.	▸ stampare ßtam'pare
▸ scannen.	▸ scannerizzare ßkannerid'dsare
Die Internetverbindung funktioniert nicht.	L'accesso a internet non funziona. la'tschäßßo a 'internet non fun'tsjona.
Der Computer ist abgestürzt.	Il computer si è impiantato. il kom'pjuter ßi ä impjan'tato.

Reisewörterbuch

Deutsch–
Italienisch **208**

Italienisch–
Deutsch **254**

Deutsch–Italienisch

A

Abend sera *f* 'ßera
aber ma ma
Abfahrt partenza *f* par'täntsa
Abreise partenza *f* par'täntsa
Abschleppwagen carro attrezzi *m* 'karro at'trettsi
Abteil scompartimento *m* ßkomparti'mento
Adapter adattatore *m* adatta'tore
Adresse indirizzo *m* indi'rittso
Akku batteria (ricaricabile) *f* batte'ria (rikari'kabile)
akzeptieren accettare attschet'tare
alkoholfrei analcolico anal'koliko
allein solo 'ßolo
alles tutto 'tutto
alt vecchio 'wäkkjo

Alter età *f* e'ta
Altstadt centro storico *m* 'tschäntro 'ßtɔriko
Ameise formica *f* for'mika
Ampel semaforo *m* ße'maforo
Anfänger(in) principiante *m/f* printschi'pjante
angeln pescare con l'amo peß'kare kon 'lamo
Angestellte impiegata impje'gata; ~r impiegato impje'gato
Angst paura *f* pa'ura
Anlegestelle approdo *m* ap'prɔdo
Anmeldeformular modulo d'iscrizione *m* 'mɔdulo dißkri'tsjone
Anmeldung dichiarazione di soggiorno *f* dikjara'tsjone di ßod'dschorno
Anreise *(Ankunft)* arrivo *m* ar'riwo

Deutsch-Italienisch

Anschluss coincidenza f
kointschi'däntsa

anstatt invece di
in'wetsche di

ansteckend contagioso
konta'dschoso

Anzahl quantità f kuanti'ta

Anzahlung anticipo m
an'titschipo

Apotheke farmacia f
farma'tschia

Aprikose albicocca f
albi'kɔkka

April aprile m a'prile

Arbeit lavoro m la'woro

arbeitslos disoccupato
disokku'pato

Architekt architetto m
arki'tätto

Arm braccio m 'brattscho

Arzt medico m 'mädiko

Aschenbecher posacenere
m posa'tschenere

Assistent(in) assistente
m/f aßßi'ßtänte

Aubergine melanzana f
melan'dsana

auch anche 'anke

aufhören finire fi'nire

Aufpreis sovrapprezzo m
sovra'prettso

aufschreiben scrivere
'ßkriwere

aufstehen alzarsi al'tsarßi

Aufzug ascensore m
aschen'ßore

Auge occhio m 'ɔkkjo

August agosto m a'goßto

Ausflug gita f 'dschita; (auf
Berg usw) escursione f
eßkur'sjone

ausfüllen (Formular)
riempire riem'pire

Ausgang uscita f u'schita

ausgebucht completo
kom'pläto

Auskunft informazione f
informa'tsjone

ausleihen prestare
pre'ßtare

Ausnahme eccezione f
ettsche'tsjone

außen fuori fu'ɔri

Aussicht veduta f we'duta

Aussprache pronuncia f
pronun'tscha

aussteigen scendere
 'schendere
ausverkauft tutto esaurito
 'tutto esau'rito
auswechseln cambiare
 kam'bjare
Ausweis carta d'identità f
 'karta didenti'ta
Autofähre traghetto m
 tra'getto
Autovermietung
 autonoleggio m
 autono'leddscho

B

Baby bebè m be'bä;
 neonato m neo'nato
Bach ruscello m ru'schällo
Bäckerei panetteria f
 panette'ria
Bad bagno m 'banjo
Badehose costume
 da bagno m ko'ßtume
 da 'banjo
Badewanne vasca
 da bagno f 'waßka
 da 'banjo

Badminton badminton m
 'bädminton
Bahnhof stazione f
 ßta'tsjone
Bahnsteig marciapiede m
 martscha'pjäde
bald presto 'präßto
Balkon balcone m bal'kone
Ball palla f 'palla
Banane banana f ba'nana
Bank banca f 'banka;
 (Sitzbank) panchina f
 pan'kina
bar in contanti in kon'tanti
Bär orso m 'orßo
Bart barba f 'barba
Basilikum basilico m
 ba'siliko
Batterie pila f 'pila; (Auto)
 batteria f batte'ria
Bauchschmerzen mal di
 pancia m 'mal di
 'pantscha
Bauernhaus fattoria f
 fatto'ria
Baum albero m 'albero
Baumwolle cotone m
 ko'tone

Deutsch-Italienisch

Baustelle cantiere *m*
  kan'tjäre
Becher bicchiere *m*
  bik'kjäre
Beginn inizio *m* i'nitsjo
Begleitperson
  accompagnatore *m*
  akkompanja'tore
Behinderte(r) disabile *m/f*
  di'sabile
behindertengerecht
  a misura di disabile
  a mi'sura di di'sabile
beide entrambi en'trambi
beige beige 'bäsch
Beilage contorno *m*
  kon'torno
Bein gamba *f* 'gamba
Beispiel esempio *m*
  e'sempjo
beißen mordere 'mɔrdere
bekannt conosciuto
  kono'schuto
belästigen importunare
  importu'nare
beliebt *(Sache)* in voga
  in 'woga; *(Ferienort)*
  popolare popo'lare

benutzen usare u'sare
Benzin benzina *f* ben'dsina
bequem comodo 'kɔmodo
Berg montagna *f*
  mon'tanja
Bergwacht soccorso alpino
  m ßok'korso al'pino
Beruf professione *f*
  profeß'ßjone
berühmt famoso fa'moso
berühren toccare tok'kare
Beschwerde reclamo *m*
  re'klamo
Besen scopa *f* 'ßkopa
besetzt occupato
  okku'pato
besichtigen visitare
  wisi'tare
Besitzer(in)
  proprietario(-a) *m/f*
  proprje'tarjo(-a)
besser migliore miljore;
  (adv) meglio 'mäljo
Besteck posate *f/pl* po'sate
bestellen ordinare
  ordi'nare
Betrag importo *m* im'pɔrto
betrunken ubriaco ubri'ako

Bett letto *m* 'lätto
Bettwäsche lenzuola *f/pl* lentsu'ɔla
bezahlen pagare pa'gare
BH reggiseno *m* reddschi'ßeno
Biene ape *f* 'ape
Bier birra *f* 'birra
Bikini bikini *m* bi'kini
Bild *(Foto)* fotografia *f* fotogra'fia; *(Malerei)* quadro *m* ku'adro
billig economico eko'nɔmiko
biologisch biologico bio'lɔdschiko
Birne pera *f* 'pera
bis fino (a) 'fino (a)
bisschen *(ein bisschen)* un po' (di) un pɔ (di)
bissig mordace mor'datsche
Blatt foglia *f/pl* 'fɔlja
blau azzurro ad'dsurro
blind cieco tschäko
Blitz lampo *m* 'lampo
blond biondo 'bjondo
Blume fiore *m* 'fjore

Bluse camicetta *f* kami'tschetta
Blut sangue *m* 'ßangue
Boiler boiler *m* 'bɔiler
Boje boa *f* 'bɔa
Boot barca *f* 'barka
Bootsverleih noleggio (di) barche *m* no'leddscho (di) 'barke
Bordkarte carta d'imbarco *f* 'karta dim'barko
Brand incendio *m* in'tschändjo
brauchen aver bisogno di a'wer bi'sonjo di; *(verwenden)* usare u'sare
braun *(Haut usw)* abbronzato abbron'dsato; *(Haar)* castano ka'ßtano; marrone mar'rone
Bremse freno *m* 'freno
brennen bruciare bru'tschare
Brille occhiali *m/pl* ok'kjali
Brücke ponte *m* 'ponte
Bruder fratello *m* fra'tällo
Brust petto *m* 'pätto

Deutsch-Italienisch

Buch libro m 'libro
buchen prenotare preno'tare
Bucht baia f 'baia
Büfett buffet m buf'fä
Bus autobus m 'autobuß; *(Reisebus)* pullman m 'pullman
Busfahrer(in) autista dell'autobus m/f au'tißta dell'autobuß
Bushaltestelle fermata dell'autobus fer'mata dell'autobuß

C

Café bar m bar; caffè m kaf'fä
Campingplatz campeggio m kam'peddscho
CD CD m tschi'di
christlich cristiano kriß'tjano
Computer computer m kom'pjuter
Couch divano m di'wano
Creme crema f 'krema

D

Dach tetto m 'tetto
dafür *(als Ersatz)* in cambio in 'kambjo; *(stattdessen)* invece in'wetsche; per questo per ku'eßto
dagegen al contrario al kon'trarjo
Dame signora f ßi'njora
danach dopo 'dopo
dasselbe stesso 'ßteßßo
Datum data f 'data
Dauer durata f dur'ata
Daumen pollice m 'pollitsche
Decke *(Bettdecke)* coperta f ko'pärta; *(Zimmerdecke)* soffitto m ßof'fitto
defekt guasto gu'aßto
denken pensare pen'ßare
Deo deodorante m deodo'rante
Desinfektionsmittel disinfettante m disinfet'tante
deswegen perciò per'tschɔ
deutlich chiaro 'kjaro
deutsch tedesco te'deßko

Deutsche(r) tedesca(-o) f/m te'deßka(-o)
Deutschland Germania f dscher'manja
Dezember dicembre m di'tschämbre
Dialekt dialetto m dja'lätto
dick *(Person)* grasso 'graßßo; spesso 'ßpeßßo
Diebstahl furto m 'furto
Dienstag martedì m marte'di
Digitalkamera macchina fotografica digitale f 'makkina foto'grafika didschi'tale
direkt diretto di'rätto
Dolmetscher(in) interprete m/f in'tärprete
Donner tuono m tu'ɔno
Donnerstag giovedì m dschowe'di
Doppelbett letto a due piazze m 'lätto a 'due 'pjattse
Doppelzimmer camera doppia f 'kamera 'doppja
Dorf paese m pa'ese

dort là la; lì li
Dose barattolo m ba'rattolo; *(Bier, Cola)* lattina f lat'tina
Dosenöffner apriscatole m apri'ßkatole
draußen fuori fu'ɔri
dreckig sporco 'ßpɔrko
dringend urgente ur'dschänte
drinnen dentro 'dentro
Droge droga f 'drɔga
Drogerie drogheria f droge'ria
drucken stampare ßtam'pare
du tu tu
Duft profumo m pro'fumo
dumm stupido 'ßtupido
dunkel scuro 'ßkuro
dünn *(Person)* magro 'magro; sottile ßot'tile
Durchfahrt passaggio m paß'ßaddscho
Durchfall diarrea f djar'räa
dürfen potere po'tere
Durst sete f 'ßete
Dusche doccia f 'dottscha

Deutsch-Italienisch

E

echt autentico au'täntiko
EC-Karte carta eurocheque f 'karta äuro'schäk
Ecke angolo m 'angolo
egal uguale u'guale
Ehepaar coniugi m/pl 'kɔnjudschi
Ei uovo m u'ɔwo
Eidechse lucertola f lu'tschärtola
Eimer secchio m 'ßekkjo
einfach (leicht) facile 'fatschile; semplice 'ßämplitsche
Einfahrt entrata f en'trata
Eingang entrata f en'trata
Einheimischer nativo m na'tiwo
einkaufen comprare kom'prare; (für den Haushalt) fare la spesa 'fare la 'ßpesa
Einkaufszentrum centro commerciale m 'tschäntro kommer'tschale
Einladung invito m in'wito
einlösen (Scheck) riscuotere rißku'ɔtere
einmal una volta 'una 'wɔlta
Einstellung (Haltung) attitudine f atti'tudine
Eintritt ingresso m in'gräßßo
Eintrittskarte biglietto d'ingresso m bi'ljetto din'gräßßo
Einzelbett letto a una piazza m 'lätto a 'una 'pjattsa
einzeln singolo 'ßingolo
Einzelzimmer camera singola f 'kamera 'ßingola
Eis gelato m dsche'lato
Eisbecher coppa gelato f 'kɔppa dsche'lato
Eiswürfel cubetto di ghiaccio m ku'betto di 'gjattscho
Elektriker(in) elettricista m/f elettri'tschißta
Eltern genitori m/pl dscheni'tori

E-Mail E-mail *f* 'imeil
Empfang reception *f* re'ßäpschon
Ende fine *f* 'fine
Endreinigung pulizia finale *f* puli'tsia fi'nale
Endstation capolinea *m* kapo'linea
eng stretto 'ßtretto
Ente anatra *f* 'anatra
Entfernung distanza *f* di'ßtantsa
Entschädigung indennizzo *m* inden'nittso
Entschuldigung scusa *f* 'ßkusa
er lui 'lui
Erdbeben terremoto *m* terre'mɔto
Erdbeeren fragole *f* 'fragole
Erdgeschoss pianterreno *m* pjanter'reno
Erdnüsse arachidi *f/pl* a'rakidi
Erfahrung esperienza *f* eßpe'rjäntsa; *(Übung)* pratica *f* 'pratika

Erholung riposo *m* ri'pɔso
Erkältung raffreddore *m* raffred'dore
Erklärung spiegazione *f* ßpjega'tsjone
erlauben permettere per'mettere
Ermäßigung riduzione *f* ridu'tsjone
erreichbar raggiungibile raddʃun'dʃibile
Ersatz sostituzione *f* ßoßtitu'tsjone
erst *(anfangs)* all'inizio alli'nitsjo; *(zuerst)* prima 'prima
Erwachsener adulto *m* a'dulto
Esel asino *m* 'asino
essbar mangiabile man'dʃabile; *(Pilz)* commestibile komme'ßtibile
essen mangiare man'dʃare
essen gehen andare a mangiare fuori an'dare a man'dʃare fu'ɔri

Essig aceto m a'tscheto
Etage piano m 'pjano
etwas qualcosa kual'kɔsa;
 (ein wenig) un po' (di)
 un pɔ (di)
Euro euro m 'äuro
evangelisch protestante
 prote'ßtante
extra (getrennt) a parte
 a 'parte; (zusätzlich)
 in più in 'pju

F

Faden filo m 'filo
Fähre traghetto m
 tra'getto
fahren andare an'dare;
 (Fahrer sein) guidare
 gui'dare; (abfahren)
 partire par'tire
Fahrer autista m au'tißta
Fahrkarte biglietto m
 bi'ljetto
Fahrplan orario m
 o'rarjo
Fahrstuhl ascensore m
 aschen'ßore

Fallschirmspringen
 paracadutismo m
 parakadu'tismo
Familie famiglia f fa'milja
fantastisch fantastico
 fan'taßtiko
Fasching, Karneval
 carnevale m karne'wale
Februar febbraio m
 feb'brajo
Feier festa f 'faeßta
Feiertag giorno festivo m
 'dschorno fe'ßtivo
Feld campo m 'kampo
Fels roccia f 'rɔttscha; (am
 Meer) scoglio m 'ßkɔljo
Fenster finestra f fi'naeßtra
Ferien ferie f/pl 'färje;
 (Urlaub) vacanze f/pl
 wa'kantse
Ferienhaus casa per
 le vacanze f 'kasa per
 le wa'kantse
Ferienwohnung
 appartamento per
 le vacanze m
 apparta'mento per
 le wa'kantse

Fernglas binocolo m bi'nɔkolo

Fernseher televisore m telewi'sore

fertig *(vollbracht)* finito fi'nito; pronto 'pronto

fett grasso 'graßßo

fettarm magro 'magro

feucht umido 'umido

Feuer fuoco m 'fuɔko; *(Brand)* incendio m in'tschändjo

Feueralarm allarme in caso d'incendio m al'larme in 'kaso din'tschändjo

Feuerlöscher estintore m eßtin'tore

Feuerwehr vigili del fuoco m/pl 'widschili del 'fuɔko

Feuerzeug accendino m attschen'dino

Film film m 'film

Finger dito m 'dito

Firma ditta f 'ditta

fischen pescare pe'ßkare

Fischerboot barca da pesca f 'barka da 'peßka

fit in forma in 'forma

FKK-Strand spiaggia per nudisti f 'ßpjaddscha per nu'dißti

flach piatto 'pjatto

Flagge bandiera f ban'djära

Flaschenöffner apribottiglie m apribot'tilje

Fledermaus pipistrello m pipi'ßträllo

Fliege mosca f 'moßka

fließend corrente kor'ränte

Flitterwochen luna di miele f 'luna di 'mjäle

Floh pulce f 'pultsche

Flohmarkt mercatino delle pulci m merka'tino 'delle 'pultschi

Flug volo m 'wolo

Flugzeug aereo m a'äreo

Fluss fiume m 'fjume

Flüssigkeit liquido m 'likuido

Flut alta marea f 'alta ma'räa

Föhn fon m fɔn

folgen seguire ßegu'ire

Deutsch-Italienisch

Formular modulo m 'mɔdulo

fotografieren fotografare fotogra'fare

fragen chiedere 'kjɛdere

Frau donna f 'dɔnna; *(Ehefrau)* moglie f 'mɔlje; *(Anrede)* signora f ßi'njora

frei libero 'libero

Freibad piscina all'aperto f pi'schina alla'pɛrto

Freitag venerdì m wener'di

fremd straniero ßtra'njɛro

Fremdenverkehrsamt azienda di soggiorno e turismo f a'dsjɛnda di ßod'dschorno e tu'rismo

Fremdsprache lingua straniera f 'lingua 'ßtraniɛra

freundlich amichevole ami'kewole; *(hilfreich)* gentile dschen'tile

Friedhof cimitero m tschimi'tɛro

frieren gelare dsche'lare

frisch fresco 'freßko

Friseur parrucchiere m parruk'kjɛre

froh contento kon'tänto

Frucht frutto m 'frutto

früh presto 'präßto

Frühling primavera f prima'wära

Frühstück colazione f kola'tsjone

Fuchs volpe f 'wolpe

fühlen sentire ßen'tire

Führerschein patente (di guida) f pa'tänte (di gu'ida)

Führung *(Museum)* visita guidata f 'wisita gui'data

Fundbüro ufficio oggetti smarriti m uf'fitscho od'dschätti ßmar'riti

funktionieren funzionare funtsjo'nare

für per per

Fuß piede m 'pjäde

Fußball *(Spiel)* calcio m 'kaltscho

Fußgängerzone zona pedonale f 'dsɔna pedo'nale

G

Gabel forchetta f for'ketta
Gans oca f 'ɔka
ganz tutto 'tutto
Garantie garanzia f garan'tsja
Garten giardino m dschar'dino
Gasherd cucina a gas f ku'tschina a gaß
Gaskocher fornello a gas m for'nällo a gaß
Gast ospite f/m 'ɔßpite
geben dare 'dare
Gebirge montagna f mon'tanja
Gebiss dentiera f den'tjära
Gebrauchsanweisung istruzioni per l'uso f/pl ißtru'tsjoni per 'luso
gebraucht usato u'sato
gebrochen rotto 'rotto
Gebühr tassa f 'taßßa
gebührenfrei (Parkplatz) libero 'libero
Geburtsdatum data di nascita f 'data di 'naschita
Geburtstag compleanno m komple'anno
Gedeck coperto m ko'pärto
Geduld pazienza f pa'tjäntsa
Gefahr pericolo m pe'rikolo
gefallen piacere pja'tschere
gegenüber di fronte di 'fronte
geheim segreto ße'greto
Geheimzahl codice segreto m 'kɔditsche ße'greto
gehen andare an'dare; camminare kammi'nare
gehören appartenere apparte'nere
Gehsteig marciapiede m martscha'pjäde
Geige violino m wjo'lino
Gel gel m dschäl
Geländewagen fuoristrada m fuɔri'ßtrada
gelb giallo 'dschallo
Geld soldi m/pl 'ßɔldi
Geldautomat bancomat m 'bankomat

Geldbeutel portamonete m portamo'nete
gemeinsam comune ko'mune; *(zusammen)* insieme in'ßjäme
gemischt misto 'mißto
Gemüse verdura f wer'dura
gemütlich comodo 'kɔmodo; *(Raum)* accogliente akko'ljänte
genau esatto e'satto
genug abbastanza abba'ßtantsa
geöffnet aperto a'pärto
Gepäck bagaglio m ba'galjo
Gepäckaufbewahrung deposito bagagli m de'pɔsito ba'galji
Gepäckträger portabagagli m portaba'galji
geradeaus sempre dritto 'ßämpre 'dritto
Geräusch rumore m ru'more
gern volentieri wolen'tjeri

Geruch odore m o'dore
Geschäft affari m/pl af'fari; *(Firma)* azienda f a'dsjända; *(Laden)* negozio m ne'gɔtsjo
Geschenk regalo m re'galo
Geschichte storia f 'ßtɔrja
geschieden divorziato diwor'tsjato
Geschirr stoviglie f/pl ßto'wilje
Geschirrtuch strofinaccio m ßtrofi'nattscho
geschlossen chiuso 'kjuso
Geschmack gusto m 'gußto; *(Essen)* sapore m ßa'pore
Geschwindigkeit velocità f welotschi'ta
Geschwister fratelli m/pl fra'tälli
Gesicht faccia f 'fattscha
gesperrt chiuso 'kjuso
gesund sano 'ßano
Getränk bevanda f be'wanda
getrennt separato ßepa'rato

Gewicht peso m 'peso
gewinnen vincere 'wintschere
Gewitter temporale m tempo'rale
gewürzt condito kon'dito
giftig velenoso wele'noso
Gipfel cima f 'tschima
Gitarre chitarra f ki'tarra
Glas bicchiere m bik'kjäre; *(Material)* vetro m 'wetro
glatt liscio 'lischo
gleich *(sofort)* subito 'ßubito; uguale ugu'ale
Gleis binario m bi'narjo
Glück fortuna f for'tuna; *(Glücksgefühl)* felicità f felitschi'ta
Glückwunsch augurio m au'gurjo
glutenfrei senza glutine 'ßäntsa 'glutine
Gold oro m 'ɔro
Gräte spina di pesce f 'ßpina di 'pesche
gratis gratuitamente gratuita'mente
grau grigio 'gridscho

Grenze frontiera f fron'tjära
Grill griglia f grilja
groß grande 'grande; *(hoch)* alto 'alto
Größe grandezza f gran'dettsa; *(Kleidung)* taglia f 'talja
Großeltern nonni m/pl 'nɔnni
grün verde 'werde
Grund motivo m mo'tiwo
gültig valido 'walido
günstig *(Preis)* conveniente konwe'njante; favorevole fawo'rewole
Gürtel cintura f tschin'tura
gut buono bu'ɔno; *(adv)* bene 'bäne
Guthaben avere m a'were
Gutschein buono m bu'ɔno

H

Haar capelli m/pl ka'pelli
haben avere a'were
Haftung responsabilità f reßponßabili'ta

Deutsch-Italienisch

Hagel grandine *f* 'grandine
Hähnchen pollo *m* 'pollo
Hai(fisch) squalo *m* ßku'alo
halb mezzo 'mäddso
Halbinsel penisola *f* pe'nisola
Hälfte metà *f* me'ta
Hals collo *m* 'kɔllo
Halsschmerzen mal di gola *m* mal di 'gola
Halstuch foulard *m* fu'lar
haltbar *(Lebensmittel)* inalterabile inalte'rabile
Haltestelle fermata *f* fer'mata
Halteverbot divieto di sosta *m* di'wjäto di 'ßɔßta
Hammer martello *m* mar'tällo
Hand mano *f* 'mano
Handball *(Spiel)* pallamano *f* palla'mano
handgemacht fatto a mano 'fatto a 'mano
Handgepäck bagaglio a mano *m* ba'galjo a 'mano
Handtasche borsa *f* 'borßa

Handtuch asciugamano *m* aschuga'mano
Handy cellulare *m* tschellu'lare
Handynummer numero di cellulare *m* 'numero di tschellu'lare
Hängematte amaca *f* a'maka
hart duro 'duro
Hauptsaison alta stagione *f* 'alta ßta'dschone
Hauptstadt capitale *f* kapi'tale
Haus casa *f* 'kasa
Hausfrau casalinga *f* kasa'linga
hausgemacht fatto in casa 'fatto in 'kasa
Haustier animale domestico *m* ani'male do'mäßtiko
Haut pelle *f* 'pälle
Heimat patria *f* 'patrja
Heimweh nostalgia *f* noßtal'dschia
heiraten sposarsi ßpo'sarßi
heiser rauco 'rauko

heiß (molto) caldo
('molto) 'kaldo

Heizung riscaldamento *m*
rißkalda'mento

helfen aiutare aju'tare

hell chiaro 'kjaro

Helm casco *m* 'kaßko

Herbst autunno *m*
au'tunno

Herd cucina *f* ku'tschina

Herr signore *m* ßi'njore

herunterladen scaricare
ßkari'kare

hervorragend eccellente
ettschel'länte

Herz cuore *m* ku'ɔre

herzkrank malato di cuore
ma'lato di ku'ore

Heuschrecke cavalletta *f*
kawal'letta

heute oggi 'ɔddschi

hier qui ku'i

Hilfe aiuto *m* a'juto

Himbeeren lamponi *m/pl*
lam'poni

Himmel cielo *m* 'tschälo

Hitze caldo *m* 'kaldo

Hobby hobby *m* 'ɔbbi

hoch alto 'alto

höchstens al massimo
al 'maßßimo

Hochwasser alluvione *f*
allu'wjone

Hochzeit matrimonio *m*
matri'mɔnjo

hoffentlich speriamo
(che ...) ßpe'rjamo (ke ...)

höflich cortese kor'tese

Holz *(Brennholz)* legna *f*
'länja; *(Material)* legno *m*
'länjo

Homepage sito web *m*
'ßito u'äb

homosexuell omosessuale
omoßeß'ßuale

hören sentire ßen'tire

hübsch carino ka'rino

Hubschrauber
elicottero *m* eli'kɔttero

Hund cane *m* 'kane

Hunger fame *f* 'fame

hupen suonare il clacson
ßuo'nare il 'klakßon

Husten tosse *f* 'toßße

Hut cappello *m* kap'pällo

Hütte rifugio *m* ri'fudscho

I

ich io 'io
Idee idea f i'däa
Igel riccio m 'rittscho
immer sempre 'ßämpre
immun immune im'mune
Impfung vaccinazione f
  wattschina'tsjone
im Voraus in anticipo
  in an'titschipo
in in in; *(zeitl)* fra fra
inbegriffen incluso
  in'kluso
Ingenieur(in) ingegnere m
  indsche'njäre
Ingwer zenzero m
  'dsendsero
Inhaber(in) proprietario(-a)
  m/f proprje'tarjo(-a);
  (einer Firma) titolare m/f
  tito'lare
inklusive compreso
  kom'preso
innerhalb entro 'entro
Insekt insetto m in'ßätto
Insel isola f 'isola
Instrument strumento m
  ßtru'mento

intelligent intelligente
  intelli'dschänte
interessant interessante
  intereß'ßante
international
  internazionale
  internatsjo'nale
Internet Internet m
  inter'nät
Islam Islam m 'islam
Isomatte stuoia isolante f
  ßtu'ɔja iso'lante
Italien Italia f i'talja
Italiener italiano m
  ita'ljano; ~in italiana f
  ita'ljana
italienisch italiano
  ita'ljano

J

ja sì ßi
Jacht yacht m i'ɔt
Jacke giacca f 'dschakka
Jahreszeit stagione f
  ßta'dschone
Januar gennaio m
  dschen'najo

jemand qualcuno kual'kuno

jetzt adesso a'däßßo

Job lavoro *m* la'woro

Joghurt yogurt *m* 'jɔgurt

jüdisch ebreo e'bräo

Juli luglio *m* 'luljo

jung giovane 'dschowane

Junge ragazzo *m* ra'gattso; *(Baby)* maschio *m* 'maßkjo; *(Kind)* bambino *m* bam'bino

Juni giugno *m* 'dschunjo

Jurist(in) laureato(-a) in legge laure'ato(-a) in 'leddsche

K

Kabine cabina *f* ka'bina

Käfer coleottero *m* kole'ɔttero

Kaffee caffè *m* kaf'fä

Kajak kayak *m* ka'jak

Kalb vitello *m* wi'tällo

kalt freddo 'freddo

Kamera *(Foto)* fotocamera *f* foto'kamera

Kamille camomilla *f* kamo'milla

Kamin camino *m* ka'mino

Kanal canale *m* ka'nale

Kanu canoa *f* ka'nɔa

Kapitän capitano *m* kapi'tano

kaputt rotto 'rotto

Karat carato *m* ka'rato

Käse formaggio *m* for'maddscho

Kassenbon scontrino *m* ßkon'trino

Katalog catalogo *m* ka'talogo

katholisch cattolico kat'tɔliko

Katze gatto *m* 'gatto

kaufen comprare kom'prare

Kaugummi gomma da masticare *f* 'gomma da maßti'kare

Kaution cauzione *m* kau'tsjone

keine nessuna neß'ßuna

Kekse biscotti *m/pl* bi'ßkɔtti

Deutsch-Italienisch

kennen conoscere
ko'noschere

Kennzeichen *(Auto)* targa *f*
'targa

Kerze candela *f* kan'dela

Ketchup ketchup *m*
'ketschap

Kette catena *f* ka'tena;
(Halskette) collana *f*
kol'lana

Kind bambino *m* bam'bino

Kinderarzt pediatra *m*
pe'djatra

Kindersitz seggiolino
per bambini *m*
ßeddscho'lino
per bam'bini

Kinderwagen carrozzina *f*
karrot'tsina

Kirche chiesa *f* 'kjäsa

Kirschen ciliege *f*
tschi'ljädsche

Kissen cuscino *m* ku'schino

klar chiaro 'kjaro

Klavier pianoforte *m*
pjano'fɔrte

Klebeband nastro adesivo
m 'naßtro ade'siwo

Kleiderbügel appendiabiti
m appendi'abiti

klein piccolo 'pikkolo

Kleingeld spiccioli *m/pl*
'ßpittscholi

Klingel campanello *m*
kampa'nällo

Klo gabinetto *m* gabi'netto

Kneipe birreria *f* birre'ria

Knie ginocchio *m*
dschi'nɔkkjo

Knopf *(an Kleidung)*
bottone *m* bot'tone

Koch cuoco *m* ku'ɔko

Köder esca *f* 'eßka

koffeinfrei senza caffeina
'ßäntsa kaffe'ina

Koffer valigia *f* wa'lidscha

Kollege collega *m/f*
kol'lega

komisch *(lustig)* divertente
diwer'tänte; *(seltsam)*
strano 'ßtrano

kommen venire we'nire

Kompass bussola *f*
'bußßola

kompliziert complicato
kompli'kato

Kondom preservativo *m*
preßerwa'tiwo

Konkurrenz concorrenza *f*
konkor'räntsa

Kontakt contatto *m*
kon'tatto

Konto conto *m* 'konto

Konzert concerto *m*
kon'tschärto

Kopf testa *f* 'täßta

Kopfkissen cuscino *m*
ku'schino

Kopfschmerzen mal di testa *m* 'mal di 'täßta

Kopie copia *f* 'kɔpja

Korkenzieher cavatappi *m*
kawa'tappi

kostbar prezioso pre'tsjoso

kostenlos gratuito
gra'tuito

krank (am)malato
(am)ma'lato

Krankenhaus ospedale *m*
oßpe'dale

Krankenwagen ambulanza *f* ambu'lantsa

Krankheit malattia *f*
malat'tia

Kräuter erbe medicinali *f/pl* 'ärbe meditschi'nali

Kreditkarte carta di credito *f* 'karta di 'kredito

Kreislaufstörungen disturbi circolatori *m/pl* di'ßturbi tschirkola'tori

Kreuzfahrt crociera *f*
kro'tschära

Kreuzung incrocio *m*
in'krotscho

Kriminalität delinquenza *f*
delinku'entsa

Krise crisi *f* 'krisi

Krücke gruccia *f* 'gruttscha

Küche cucina *f* ku'tschina

Kuchen torta *f* 'torta

Kugel (Ball) palla *f* 'palla; (Eis) pallina *f* pal'lina

Kuh mucca *f* 'mukka

kühl fresco 'fresko

Kühlschrank frigorifero *m*
frigo'rifero

Kunde cliente *m* kli'änte

Kunst arte *f* 'arte

Kur cura *f* 'kura

Kurve curva *f* 'kurwa

kurz corto 'korto

Deutsch-Italienisch

Kurzschluss corto circuito m 'korto tschir'kuito
kurzsichtig miope 'miope
Kuss bacio m 'batscho
Küste costa f kɔßta

L

lachen ridere 'ridere
Lachs salmone m ßal'mone
Ladegerät caricabatterie m karikabatte'rie
Ladekabel cavo di alimentazione m 'kawo di alimenta'tsjone
laktosefrei senza lattosio 'ßæntsa lat'tɔsio
Lammfleisch carne d'agnello f 'karne da'njällo
Land (Staat) paese m pa'ese
Landkarte carta geografica f 'karta dscheo'grafika
Landschaft paesaggio m pae'saddscho

lang lungo 'lungo
langsam lento 'länto
langweilig noioso no'joso
Lärm chiasso m 'kjaßßo
Lastwagen camion m 'kamjon
laut (lärmend) rumoroso rumo'roso
Lautsprecher altoparlante m altopar'lante
lauwarm tiepido 'tjäpido
Lawine valanga f wa'langa
leben vivere 'wiwere
Lebensgefährte compagno(-a) m/f kom'panjo(-a)
ledig (Mann) celibe 'tschelibe; (Frau) nubile 'nubile
leer vuoto wu'ɔto
Lehrer(in) insegnante m/f inße'njante
leicht (nicht schwierig) facile 'fatschile; leggero led'dschäro
Leichtathletik atletica leggera f a'tlätica led'dschära

leider purtroppo
pur'trɔppo
Leihgebühr (tariffa di) noleggio f (ta'riffa di) no'leddscho
leise silenzioso ßilen'tsjoso
Leitungswasser acqua di rubinetto f 'akkua di rubi'netto
lernen imparare impa'rare; (für die Schule) studiare ßtu'djare
lesen leggere 'läddschere
Leuchtturm faro m 'faro
Libelle libellula f li'bällula
Licht luce f 'lutsche
Lichtschalter interruttore della luce m interrut'tore 'della 'lutsche
lieben amare a'mare
lieber piuttosto pjut'tɔßto
Lied canzone f kan'tsone
Liegestuhl sedia a sdraio f 'ßädja a 'sdrajo
lila lilla 'lilla
Limonade gassosa f gaß'ßosa
links a sinistra a ßi'nißtra

Lippe labbro m 'labbro
Lippenstift rossetto m roß'ßetto
live (TV) in diretta in di'rätta
Lob lode f 'lɔde
Loch buco m 'buko
Locken ricci m/pl 'rittschi
Löffel cucchiaio m kuk'kjajo
Lösung soluzione f ßolu'tsjone
Luftpumpe pompa (da bicicletta) f 'pompa (da bitschi'kletta)
Lüge bugia f bu'dschia
Lust voglia f 'wɔlja
lustig divertente diwer'tänte

M

machen fare 'fare
Mädchen ragazza f ra'gattsa; (Baby) femmina f 'femmina; (Kind) bambina f bam'bina

Deutsch-Italienisch

mager magro 'magro
Mai maggio m 'maddscho
man si ßi
manchmal qualche volta ku'alke 'wɔlta
Mandeln mandorle f/pl 'mandorle
Mann uomo m u'ɔmo; *(Ehemann)* marito m ma'rito
Marder martora f 'martora
Marienkäfer coccinella f kottschi'nälla
Markt mercato m mer'kato
März marzo m 'martso
Material materiale m mate'rjale
Matratze materasso m mate'raßßo
Mauer muro m 'muro; *(Stadtmauer)* mura f/pl 'mura; *(Wand)* parete f pa'rete
Maus topo m 'tɔpo
maximal massimo 'maßßimo
Mayonnaise maionese f majo'nese

Medikament medicina f medi'tschina
Meer mare m 'mare
Mehl farina f fa'rina
mehr più pju
Mehrwertsteuer IVA f 'iwa
Meinung opinione f opi'njone
Menge quantità f kuanti'ta
Messe *(Handel)* fiera f 'fjära
Messer coltello m kol'tällo
Meter metro m 'mätro
Miete affitto m af'fitto
Mietwagen auto a noleggio f 'auto a no'leddscho
Migräne emicrania f emi'kranja
Milch latte m 'latte
mild *(Käse, Gewürz)* dolce 'doltsche; *(Klima)* mite 'mite
mindestens almeno al'meno
Mineralwasser acqua minerale f 'akkua mine'rale

Minigolf minigolf *m*
mini'gɔlf

mischen mischiare
mi'ßkjare

missbrauchen abusare di
abu'sare di

Missverständnis
malinteso *m* malin'teso

mit con kon

Mitglied membro *m*
'mämbro

mitmachen partecipare
partetschi'pare

Mittag mezzogiorno *m*
meddso'dschorno

Mittagessen pranzo *m*
'prandso

Mittwoch mercoledì *m*
merkole'di

Möbel mobile *m* 'mɔbile

Mobilfunknetz telefonia
cellulare *f* telefo'nia
tschellu'lare

modern moderno
mo'därno

mögen *(gefallen)* piacere
pja'tschere; *(wollen)*
volere wo'lere

Mohn papavero *m*
pa'pawero

Monat mese *m* 'mese

Mond luna *f* 'luna

Montag lunedì *m* lune'di

morgen domani do'mani

Moskitonetz zanzariera *f*
dsandsa'rjära

Motorboot motoscafo *m*
moto'ßkafo

Möwe gabbiano *m*
gab'bjano

Mücke zanzara *f*
dsan'dsara

Mückenschutz protezione
antizanzare *f*
prote'tsjone
antidsan'dsare

müde stanco 'ßtanko

Müll immondizia *f*
immon'ditsja

Mund bocca *f* 'bokka

Mundharmonika armonica
a bocca *f* ar'mɔnika a
'bokka

Münze moneta *f* mo'neta

Muscheln conchiglie *f/pl*
kon'kilje

Musik musica *f* 'musika
Musiker(in) musicista *m/f* musi'tschißta
Muskelkater dolori muscolari *m/pl* do'lori mußko'lari
Müsli müsli *m* 'musli
müssen dovere do'were
Mut coraggio *m* ko'raddscho
Mutter madre *f* 'madre
Muttersprache lingua madre *f* 'lingua 'madre
Mütze berretto *m* ber'retto

N

nachher dopo 'dopo
Nachmittag pomeriggio *m* pome'riddscho
Nachname cognome *m* ko'njome
Nachricht messaggio *m* meß'ßaddscho; *(Zeitung)* notizia *f* no'titsja
Nachsaison bassa stagione *f* 'baßßa ßta'dschone
nächster più vicino pju wi'tschino; *(folgender)* prossimo 'prɔßßimo
Nacht notte *f* 'nɔtte
Nachtisch dessert *m* deß'ßär
nackt nudo 'nudo
Nadel ago *m* 'ago
nah(e) *(örtlich)* vicino wi'tschino
Nase naso *m* 'naso
nass bagnato ba'njato
Nationalität nazionalità *f* natsjonali'ta
Natur natura *f* na'tura
natürlich naturale natu'rale
Naturschutzgebiet zona protetta *f* 'dsɔna pro'tätta
Navigationssystem navigatore (satellitare) *m* nawiga'tore (ßatelli'tare)
Nebel nebbia *f* 'nebbja
nein no nɔ
Nektarine pesca noce 'päßka 'nɔtsche

nett *(freundlich)* gentile
  dschen'tile; simpatico
  ßim'patiko
Netzspannung voltaggio
  m wol'taddscho
neu nuovo nu'ɔwo
neugierig curioso ku'rjoso
Neujahr Capodanno *m*
  kapo'danno
nicht non non
nichts niente 'njänte
Nichtschwimmer non
  nuotatori *m* non
  nuota'tori
niemand nessuno
  neß'ßuno
noch ancora an'kora
Norden nord *m* nɔrd
Notarzt medico di turno *m*
  'mediko di 'turno
Notausgang uscita
  di sicurezza *f* u'schita
  di ßiku'rettsa
Notfall emergenza *f*
  emer'dschäntsa
Notruf chiamata
  d'emergenza *f* kja'mata
  demer'dschentsa

November novembre *m*
  no'wämbre
Nudeln pasta *f* 'paßta
nur soltanto ßol'tanto
Nuss noce *f* 'notsche
nützlich utile 'utile

O

oder o o; oppure op'pure
Ofen *(Backofen)* forno *m*
  'forno; *(Heizofen)* stufa *f*
  'ßtufa
offen aperto a'pärto
Öffnungszeiten orario di
  apertura *m* o'rarjo di
  aper'tura
oft spesso 'ßpeßßo
ohne senza 'ßäntsa
Ohr orecchio *m* o'rekkjo
Ohrringe orecchini *m/pl*
  orek'kini
ökologisch ecologico
  eko'lɔdschiko
Oktober ottobre *m*
  ot'tobre
Olive oliva *f* o'liwa
Oma nonna *f* 'nɔnna

Deutsch-Italienisch

Onkel zio *m* 'tsio
Opa nonno *m* 'nɔnno
Oregano origano *m*
　o'rigano
Organisation
　organizzazione *f*
　organiddsa'tjone
Ort luogo *m* lu'ɔgo;
　(Ortschaft) località *f*
　lokali'ta
Osten est *m* äßt
Ostern Pasqua *f* 'paßkua
Ozon ozono *m* o'dsɔno

P

Packung pacchetto *m*
　pak'ketto
Palme palma *f* 'palma
Panne guasto *m* gu'aßto
Papagei pappagallo *m*
　pappa'gallo
Papier carta *f* 'karta
Parfüm profumo *m*
　pro'fumo
Park parco *m* 'parko
Parkplatz parcheggio *m*
　par'keddscho

Parkuhr parchimetro *m*
　par'kimetro
Pass passaporto *m*
　paßßa'pɔrto
Pauschale forfait *m* for'fä
Pause pausa *f* 'pausa;
　(Theater) intervallo *m*
　inter'wallo
Pediküre pedicure *m*
　pedi'kur
perfekt perfetto per'fätto
Pfand cauzione *f*
　kau'tsjone
Pfanne padella *f* pa'dälla
Pfeffer pepe *m* 'pepe
Pfefferminze menta
　piperita *f* 'menta
　pipe'rita
Pferd cavallo *m* ka'wallo
Pfirsich pesca *f* 'päßka
Pflanze pianta *f* 'pjanta
Pflaster cerotto *m*
　tsche'rɔtto
Pflaume prugna *f* 'prunja
pikant piccante pik'kante
Pilze funghi *m/pl* 'fungi
Pinzette pinzette *f/pl*
　pin'tsette

planmäßig come previsto 'kome pre'wißto; *(pünktlich)* in orario in o'rarjo; regolare rego'lare
Plastik plastica *f* 'plaßtika
Platz posto *m* 'poßto; *(Sport)* campo *m* 'kampo
Po culetto *m* ku'letto
Politiker(in) politico(-a) *m/f* po'litiko(-a)
Polizei polizia *f* poli'tsia
Polizist poliziotto *m* poli'tsjɔtto
Portion porzione *f* por'tsjone
Postamt ufficio postale *m* uffi'tscho po'ßtale
Postkarte cartolina *f* karto'lina
preisgünstig a buon prezzo a bu'ɔn 'prättso
Preisliste listino prezzi *m* li'ßtino 'prättsi
privat privato pri'wato
Problem problema *m* pro'bläma
Programm programma *m* pro'gramma

Prospekt dépliant *m* de'pljan
Prozent percentuale *f* pertschentu'ale
Pudding budino *m* bu'dino
pünktlich puntuale puntu'ale
pur puro 'puro; *(Whisky)* liscio 'lischo
Pute tacchina *f* tak'kina
Putzmittel detersivo *m* deter'ßivo

Q

Qualität qualità *f* kuali'ta
Qualle medusa *f* me'dusa
Quelle sorgente *f* ßor'dschänte
Quittung ricevuta *f* ritsche'wuta

R

Rabatt sconto *m* 'ßkonto
Radio radio *f* 'radjo
Radtour gita in bicicletta *f* 'dschita in bitschi'kletta

Deutsch-Italienisch

Radweg pista ciclabile f
'pißta tschi'klabile
Raststätte area di servizio
f 'area di ßer'witsjo
Rathaus municipio m
muni'tschipjo
Ratte ratto m 'ratto
rauchen fumare fu'mare
Rauchverbot divieto
di fumare m di'wjäto
di fu'mare
Rechnung conto m 'konto
rechts a destra a 'däßtra
rechtzeitig in tempo
in 'tämpo
reden parlare par'lare
regelmäßig regolare
rego'lare
Regenbogen arcobaleno m
arkoba'leno
Regenschirm ombrello m
om'brällo
regnen piovere 'pjowere
Reh capriolo m kapri'ɔlo
Reibe grattugia f
grat'tudscha
reich ricco 'rikko
Reis riso m 'riso

Reise viaggio m
'wjaddscho
Reisebüro agenzia
(di) viaggi f adschen'tsija
(di) 'wjaddschi
Reisegruppe comitiva
(turistica) f komi'tiwa
(tu'rißtika)
Reiseleiter(in) guida di una
comitiva m/f gu'ida di
'una komi'tiwa
reisen viaggiare
wjad'dschare
Reisepass passaporto m
paßßa'pɔrto
reiten andare a cavallo
an'dare a ka'wallo
Reklamation reclamo m
re'klamo
Rentner(in) pensionato(-a)
m/f penßjo'nato(-a)
Reparatur riparazione f
ripara'tsjone
reservieren prenotare
preno'tare
reserviert prenotato
preno'tato
Rest resto m 'räßto

Rettungsring salvagente m ßalwa'dschänte

Rezept ricetta f ri'tschätta

richtig giusto 'dschußto; *(genau)* esatto e'satto; bene 'bäne

Richtung direzione f dire'tsjone

Rindfleisch carne di manzo f 'karne di 'mandso

Ring anello m a'nällo

Riss strappo m 'ßtrappo

Rock gonna f 'gɔnna

roh crudo 'krudo; *(unverarbeitet)* grezzo 'greddso

Roller *(mit Motor)* scooter m 'ßkuter

Rollladen tapparella f tappa'rälla

Rollstuhl sedia a rotelle f 'ßädja a ro'tälle

Rolltreppe scala mobile f 'ßkala 'mɔbile

romantisch romantico ro'mantiko

Rose rosa f 'rɔsa

Rosmarin rosmarino m rosma'rino

rot rosso 'roßßo

Route itinerario m itine'rarjo

Rücken schiena f 'ßkjäna

Rückgabe restituzione f reßtitu'tsjone

Rucksack zaino m 'dsaino

rückwärts (all')indietro (all)in'djätro

Rückweg ritorno m ri'torno

Ruderboot barca a remi f 'barka a 'remi

Ruhetag giorno di riposo m 'dschorno di ri'pɔso

ruhig *(gelassen)* calmo 'kalmo; tranquillo tranku'illo

rutschig scivoloso schiwo'loso

S

Sackgasse vicolo cieco m 'wikolo 'tschjäko

Saft succo m 'ßukko

sagen dire 'dire

Salbe pomata f po'mata

Deutsch-Italienisch

Salz sale *m* 'ßale
Samstag sabato *m* 'ßabato
Sand sabbia *f* 'ßabbja
Sänger(in) cantante *m/f* kan'tante
satt sein essere sazio 'äßere 'ßatsjo
Satz frase *f* 'frase
sauber pulito pu'lito
sauer acido 'atschido; aspro 'aßpro
Schaden danno *m* 'danno
Schaf pecora *f* 'pekora
Schaffner controllore *m* kontrol'lore
Schal sciarpa *f* 'scharpa
scharf piccante pik'kante
Schatten ombra *f* 'ombra
Schauspieler attore *m* at'tore
Scheibenwischer tergicristallo *m* terdschikri'ßtallo
schenken regalare rega'lare
Schere forbici *f/pl* 'fɔrbitschi
schick chic schik

Schiff nave *f* 'nawe
Schifffahrt *(Reise)* traversata *f* trawer'ßata
Schild insegna *f* in'ßänja; *(Straßenschild)* cartello *m* kar'tällo
Schimmel *(bei Lebensmitteln)* muffa *f* 'muffa
schlafen dormire dor'mire
Schlafsack sacco a pelo *m* 'ßakko a 'pelo
Schlafwagen vagone letto *m* wa'gone 'lätto
Schlange serpente *m* ßer'pänte
Schlauchboot gommone *m* gom'mone
schlecht cattivo kat'tiwo; *(adv)* male 'male
schlimm grave 'grawe; *(adv)* male 'male; *(Charakter)* cattivo kat'tiwo
Schloss castello *m* ka'ßtällo; *(Tür)* serratura *f* ßerra'tura
Schluss fine *f* 'fine
Schlüssel chiave *f* 'kjawe

Schlussverkauf saldi (di fine stagione) *m/pl* 'ßaldi (di 'fine ßta'dschone)
schmal stretto 'ßtretto
schmerzhaft doloroso dolo'roso
Schmerzmittel analgesico *m* anal'dschesiko
Schmetterling farfalla *f* far'falla
schmutzig sporco 'ßpɔrko
Schnaps acquavite *f* akkua'wite
Schnecke lumaca *f* lu'maka
Schnee neve *f* 'newe
schnell rapido 'rapido; *(Auto)* veloce we'lɔtsche
Schnorchel respiratore *m* reßpira'tore
Schnuller succhiotto *m* ßuk'kjɔtto
Schnupfen raffreddore *m* raffred'dore
Schock choc *m* schɔk
Schokolade cioccolata *f* tschokko'lata
schön bello 'bɛllo; *(adv)* bene 'bäne

Schrank armadio *m* ar'madjo; *(in Küche)* credenza *f* kre'däntsa
Schraubenzieher cacciavite *m* kattscha'wite
schreiben scrivere 'ßkriwere
Schreiner(in) falegname *m/f* fale'njame
schüchtern timido 'timido
Schuhe scarpe *f/pl* 'ßkarpe
Schule scuola *f* ßku'ɔla
Schulter spalla *f* 'ßpalla
Schutz protezione *f* prote'tsjone
schwanger incinta in'tschinta
schwarz nero 'nero
Schwein maiale *m* ma'iale
Schwellung gonfiore *m* gon'fjore
schwer *(schwierig)* difficile dif'fitschile; pesante pe'sante
Schwester sorella *f* ßo'rälla
Schwimmbad piscina *f* pi'schina

Deutsch-Italienisch

Schwimmflügel braccioli *m/pl* brat'tschɔli
See lago *m* 'lago
seekrank che soffre il mal di mare ke 'ßɔffre il mal di 'mare
Segelboot barca a vela *f* 'barka a 'wela
segeln navigare a vela nawi'gare a 'wela
sehen vedere we'dere
Sehenswürdigkeiten cose da vedere *f/pl* 'kɔse da ve'dere
sehr molto 'molto
Seide seta *f* 'ßeta
Seife sapone *m* ßa'pone
Seil corda *f* 'kɔrda
sein essere 'äßßere
Sekunde secondo *m* ße'kondo
selten raro 'raro
Senf senape *f* 'ßänape
September settembre *m* ßet'tämbre
Sex sesso *m* 'ßäßßo
sicher sicuro ßi'kuro; *(gewiss)* certo 'tschärto

Sicherheitsgurt cintura di sicurezza *f* tschin'tura di ßiku'rettsa
Sicherung fusibile *m* fu'ßibile
Sicht visibilità *f* wisibili'ta; *(Aussicht)* vista *f* 'wißta
Silber argento *m* ar'dschänto
Silvester San Silvestro *m* ßan ßil'wäßtro
singen cantare kan'tare
Single *(Person)* single *m/f* 'ßingol
Sitzplatz posto a sedere *m* 'poßto a ße'dere
Ski sci *m* schi
SMS messaggino *m* meßßad'dschino
Socken calzini *m/pl* kal'tsini
sofort subito 'ßubito
Sohn figlio *m* 'filjo
Sommer estate *f* e'ßtate
Sonderangebot offerta speciale *f* of'färta ßpe'tschale
Sonne sole *m* 'ßole

Sonnenaufgang sorgere del sole *m* 'ßordschere del 'ßole

Sonnenbrille occhiali da sole *m/pl* ok'kjali da 'ßole

Sonnenhut cappello da sole *m* kap'pällo da 'ßole

Sonnenschirm ombrellone *m* ombrel'lone

Sonnenuntergang tramonto *m* tra'monto

Sonntag domenica *f* do'menika

Sorte specie *f* 'ßpätsche; tipo *m* 'tipo

Spaß *(Vergnügen)* divertimento *m* diwerti'mento

spät tardi 'tardi

Spaziergang passeggiata *f* paßßed'dschata

Speicherkarte scheda memoria *f* 'ßkäda me'morja

Speicherkartenlesegerät lettore schede di memoria *m* lettore 'ßkäde di me'morja

speichern salvare ßal'ware

Speisewagen vagone ristorante *m* wa'gone rißto'rante

Spezialität specialità *f* ßpetschali'ta

Spiegel specchio *m* 'ßpäkkjo

Spiel gioco *m* 'dschɔko; *(Sport)* partita *f* par'tita

Spielplatz parco giochi *m* 'parko 'dschɔki

Spinne ragno *m* 'ranjo

Sprache lingua *f* 'lingua

Sprachkurs corso di lingua *m* 'korßo di 'lingua

sprechen parlare par'lare

Stachel *(Insekt)* pungiglione *m* pundschi'ljone; *(Pflanze)* spina *f* 'ßpina

Stadt città *f* tschit'ta

Stadtplan pianta della città *f* 'pjanta 'della tschit'ta

Stadtteil quartiere *m* kuar'tjäre

stark forte 'fɔrte

Deutsch-Italienisch

Stativ treppiede *m*
  trep'pjäde
statt invece (di)
  in'wetsche (di)
Stau *(Verkehr)* ingorgo *m*
  in'gorgo
staubig polveroso
  polwe'roso
Staubsauger aspirapolvere
  m aßpira'polwere
Steckdose presa (della
  corrente) *f* 'presa ('della
  kor'ränte)
stehlen rubare ru'bare
Stehplatz posto in piedi *m*
  'poßto in 'pjädi
Stein pietra *f* 'pjetra
Steinschlag caduta massi *f*
  ka'duta 'maßßi
Stern stella *f* 'ßtella
Steward assistente
  di bordo *m* aßßi'ßtänte
  di 'bordo
Stewardess hostess *f*
  'oßteß
Stich puntura *f* pun'tura
stickig soffocante
  ßoffo'kante

Stift *(Bleistift)* matita *f*
  ma'tita; *(zum Schreiben)*
  penna *f* 'penna
still silenzioso ßilen'tsjoso;
  (ruhig) tranquillo
  tranku'illo
Stimme *(Wahl)* voto *m* 'woto
stinken puzzare put'tsare
Stoff *(Material)* materiale
  m mate'rjale;
  stoffa *f* 'ßtoffa
Stoppschild stop *m* 'ßtop
Storch cicogna *f* tschi'konja
Störung disturbo *m*
  di'ßturbo
Strafzettel multa *f* 'multa
Strand spiaggia *f*
  'ßpjaddscha
Straßenbahn tram *m* tram
Strecke percorso *m*
  per'korßo; *(Route)*
  itinerario *m* itine'rarjo;
  (Bahn) linea *f* 'linea
Streichhölzer fiammiferi
  m/pl fjam'miferi
Streik sciopero *m*
  'schopero

stressig **stressante**
ßtreß'ßante

Strom *(elektrisch)*
corrente *f* kor'ränte

Stromausfall **mancanza
di corrente** *f* man'kantsa
di kor'rente

Strömung **corrente** *f*
kor'ränte

Stück **pezzo** *m* 'pättso

Student **studente** *m*
ßtu'dänte

stufenlos **senza scalini**
'ßäntsa ßka'lini

Stuhl **sedia** *f* 'ßädja

stumm **muto** 'muto

Stunde **ora** *f* 'ora

Sturm **tempesta** *f*
tem'päßta

Sturmwarnung **preavviso
di tempesta** *f*
preaw'wiso di tem'päßta

Sturz **caduta** *f* ka'duta

suchen **cercare** tscher'kare

Süden **sud** *m* ßud

süß **dolce** 'doltsche

sympathisch **simpatico**
ßim'patiko

T

Tablette **compressa** *f*
kom'präßßa

Tagesgericht **piatto del
giorno** *m* 'pjatto del
'dscho rno

täglich **ogni giorno** 'onji
'dschorno; **quotidiano**
kuoti'djano

Tankstelle **distributore** *m*
dißtribu'tore

Tante **zia** *f* 'tsia

tanzen **ballare** bal'lare

Tasche **borsa** *f* 'borßa; *(in
Kleidung)* **tasca** *f* 'taßka

Taschenlampe **torcia** *f*
'tɔrscha

Taschenmesser **coltello
tascabile** *m* kol'tällo
ta'ßkabile

Taschentuch **fazzoletto** *m*
fattso'letto

Tasse **tazza** *f* 'tattsa;
(Kaffeetasse) **tazzina** *f*
tat'tsina

taub **sordo** 'ßordo

Taube **piccione** *m*
pit'tschjone

Deutsch-Italienisch

tauchen fare immersioni
fare immer'ßjoni
tauschen cambiare
kam'bjare
Techniker(in) tecnico(-a)
m/f 'täkniko(-a)
Telefonkarte scheda
telefonica *f* 'ßkeda
tele'fɔnika
Telefonnummer numero
di telefono *m* 'numero
di te'läfono
Teller piatto *m* 'pjatto
Terrasse terrazza *f*
ter'rattsa
teuer caro 'karo
Thunfisch tonno *m* 'tonno
Ticket biglietto *m* bi'ljetto
tief profondo pro'fondo;
(Wasser) alto 'alto
Tier animale *m* ani'male
Tierarzt veterinario *m*
weteri'narjo
Tipp suggerimento *m*
ßuddʒeri'mento
Tisch tavolo *m* 'tawolo
Tischtennis ping-pong *m*
ping'pong

Tochter figlia *f* 'filja
Toilette toilette *f* tua'lät
Toilettenpapier carta
igienica *f* 'karta
i'dʒänika
Tomate pomodoro
pomo'dɔro
Topf *(zum Kochen)*
pentola *f* 'päntola
tot morto 'mɔrto
Tour giro *m* 'dʒiro;
(Ausflug) gita *f* 'dʒita
Training allenamento *m*
allena'mento
Traktor trattore *m*
trat'tore
trampen fare l'autostop
'fare lauto'ßtɔp
Traum sogno *m* 'ßonjo
traurig triste 'trißte
Treffpunkt luogo
d'incontro *m* 'luɔgo
din'kontro
Treppe scale *f/pl* 'ßkale
Tretboot pedalò *m* peda'lɔ
trinken bere 'bere
Trinkgeld mancia *f*
'mantscha

Trinkwasser **acqua potabile** *f* 'akkua po'tabile

trocken **asciutto** a'schutto; *(Wein)* **secco** 'ßekko

T-Shirt **maglietta** *f* ma'ljetta

tun **fare** 'fare

Tür **porta** *f* 'pɔrta; *(Auto, Zug)* **sportello** *m* ßpor'tällo

türkis **turchese** tur'kese

Turm **torre** *f* 'torre

Turnschuhe **scarpe da ginnastica** *f/pl* 'skarpe da dschin'naßtika

Tüte **busta** *f* 'bußta

typisch **tipico** 'tipiko

U

U-Bahn **metropolitana** *f* metropoli'tana

Übelkeit **nausea** *f* 'nausea

Überführung **cavalcavia** *m* kawalka'wia

überfüllt **pieno zeppo** 'pjäno 'tseppo

übermorgen **dopodomani** dopodo'mani

Übernachtung **pernottamento** *m* pernotta'mento

überqueren **attraversare** attrawer'ßare

Überraschung **sorpresa** *f* ßor'presa

Überschwemmung **inondazione** *f* inonda'tsjone

übersetzen **tradurre** tra'durre

Übersetzer **traduttore** *m* tradut'tore

Übersetzerin **traduttrice** *f* tradut'tritsche

Überweisung **bonifico** *m* bo'nifiko

üblich **consueto** konßu'äto

übrig **restante** re'ßtante

Übung **esercizio** *m* eser'tschitsjo

Ufer **riva** *f* 'riwa

Uhr **orologio** *m* oro'lɔdscho

Umkleidekabine **cabina** *f* ka'bina

Umleitung deviazione *f*
dewja'tsjone
umsonst gratuitamente
gratuita'mente;
(vergeblich) invano
in'wano
umsteigen cambiare
kam'bjare
umtauschen cambiare
kam'bjare
Umwelt ambiente *m*
am'bjänte
umweltfreundlich non
inquinante non
inku'inante
undeutlich vago 'wago
undicht non stagno non
'ßtanjo
Unfall incidente *m*
intschi'dänte
ungefähr circa 'tschirka
Ungeziefer parassiti *m/pl*
paraß'ßiti
Unglück *(Unfall)* incidente
m intschi'dänte;
sfortuna *f* ßfor'tuna
ungültig non valido
non 'walido

unhöflich scortese
ßkor'tese
unklar poco chiaro 'pɔko
'kjaro
Unkosten spese *f/pl* 'ßpese
unmöglich impossibile
impoß'ßibile
unschuldig innocente
inno'tschänte
unsympathisch antipatico
anti'patiko
unten giù dschu
Unterführung
sottopassaggio *m*
ßottopaß'ßaddscho
Unterkunft alloggio *m*
al'lɔddscho
Unterschied differenza *f*
diffe'räntsa
unterschreiben firmare
fir'mare
Unterwäsche biancheria
intima *f* bjanke'ria
'intima
unterwegs in giro
in 'dschiro
Unwetter temporale *m*
tempo'rale

unwohl indisposto
indi'ßpɔßto
unzufrieden scontento
ßkon'tänto
Urlaub vacanza *f*
wa'kantsa
Ursache causa *f* 'kausa
USB-Stick penna USB *f*
'penna ueßße'bi
UV-Filter filtro UV *m*
'filtro u'wi

V

Vanille vaniglia *f* wa'nilja
Vater padre *m* 'padre
Veganer(in) vegano(-a) *m/f*
we'gano(-a)
Vegetarier(in)
vegetariano(-a) *m/f*
wedscheta'rjano(-a)
vegetarisch vegetariano
wedscheta'rjano
Ventilator ventilatore *m*
wentila'tore
Verabredung *(Treffen)*
appuntamento *m*
appunta'mento
Veranstaltung *(Konzert etc.)* manifestazione *f*
manifeßta'tsjone
verantwortlich
responsabile
reßpon'ßabile
Verbindungskabel cavo
di collegamento *m* 'kawo
di kollega'mento
verboten vietato wje'tato
verdienen guadagnare
guada'njare
Verfallsdatum data
di scadenza *f* 'data
di ßka'däntsa
Vergiftung intossicazione *f*
intoßßika'tsjone
Vergnügen divertimento
m diwerti'mento
verhaften arrestare
arre'ßtare
verheiratet sposato
ßpo'sato
Verkauf vendita *f* 'wendita
Verkehr traffico *m* 'traffiko
Verlängerungskabel
prolunga *f* pro'lunga
verlassen lasciare la'schare

Deutsch-Italienisch

Verleih noleggio *m* no'leddscho
Verletzung ferita *f* fe'rita
verliebt innamorato innamo'rato
verlieren perdere 'pärdere
verlobt fidanzato fidan'tsato
verschenken dare in regalo 'dare in re'galo
verschmutzt inquinato inkui'nato
Versicherung assicurazione *f* aßßikura'tsjone
Verspätung ritardo *m* ri'tardo
versprechen promettere pro'mettere
verstehen capire ka'pire
Vertrag contratto *m* kon'tratto
Verwandte(r) parente *m/f* pa'rente
Verzeihung perdono *m* per'dono
viel molto 'molto; **zu ~** troppo 'trɔppo

vielleicht forse 'forße
Virus virus *m* 'wirus
Visum visto *m* 'wißto
Vitamin vitamina *f* wita'mina
Vogel uccello *m* ut'tschällo
voll pieno 'pjäno
Volleyball pallavolo *f* palla'wolo
Vollkornbrot pane integrale *m* 'pane inte'grale
Vollmilch latte intero *m* 'latte in'tero
von da; *(Herkunft)* di di
Voranmeldung preavviso *m* preaw'wiso
Vorfahrt precedenza *f* pretsche'däntsa
vorgestern ieri l'altro 'järi 'laltro
vorläufig provvisorio prowwi'sɔrjo
Vormittag mattina *f* mat'tina
Vorname nome (di battesimo) *m* 'nome (di bat'tesimo)

Vorsaison bassa stagione f
'baßßa ßta'dschone
Vorschlag proposta f
pro'poßta
Vorschrift regolamento m
regola'mento
Vorsicht precauzione f
prekau'tsjone

W

wach sveglio 'sweljo
Waffel *(Eis)* cono m 'kɔno
Wagenheber cric m krik
Waggon vagone m
wa'gone
Währung valuta f wa'luta
Wal balena f ba'lena
Wald bosco m 'boßko;
 foresta f fo'räßta
Wand *(Mauer)* muro m
 'muro; parete f pa'rete
Wanderweg sentiero m
 ßen'tjäro
wann quando ku'ando
warm caldo 'kaldo
Warnung avvertimento m
 awwerti'mento

Warnweste *(Auto)*
 giubbotto salvavita m
 dschub'bɔtto ßalva'wita
warten aspettare
 aßpet'tare
warum perché per'ke
was che cosa ke 'kɔsa;
 (wie viel) quanto ku'anto
Waschbecken lavandino m
 lawan'dino
Wäsche bucato m bu'kato
Wäscheleine filo per
 stendere i panni m 'filo
 per 'ßtändere i 'panni
waschen lavare la'ware
Waschmaschine lavatrice f
 lawa'tritsche
Wasser acqua f 'akkua
Wasserball pallone da
 mare m pal'lone da 'mare
wasserdicht impermeabile
 imperme'abile
Wasserhahn rubinetto m
 rubi'netto
Wassermelone
 cocomero m ko'komero
Wasserski sci nautico m
 schi 'nautiko

Deutsch-Italienisch

Watte cotone (idrofilo) m
ko'tone (i'drɔfilo)
WC gabinetto m
gabi'netto
Wechselgeld spiccioli m/pl
'ßpittschjoli
wecken svegliare swe'ljare
weg via 'wia;
(weggegangen) andato
via an'dato 'wia
wegfahren partire par'tire
Wegweiser cartello
indicatore m kar'tällo
indika'tore
wehtun far male far 'male
weiblich femminile
femmi'nile
Weihnachten Natale m
na'tale
weil perché per'ke
Wein vino m 'wino
Weintrauben uva f 'uwa
weiß bianco 'bjanko
Weißwein vino bianco m
'wino 'bjanko
weit lontano lon'tano
weitsichtig presbite
'präßbite

Weizen frumento m
fru'mento
Welle onda f 'onda
Wellness wellness f
u'ällnäß
Welt mondo m 'mondo
wenig poco 'pɔko;
zu ~ troppo poco
'trɔppo 'pɔko
wer chi ki
Werbung pubblicità f
pubblitschi'ta
Werktag giorno feriale m
'dschorno fe'rjale
Werkzeug attrezzi m/pl
at'trettsi
Wespe vespa f 'wäßpa
Westen ovest m 'ɔwest
Wetter tempo m 'tämpo
Whirlpool vasca
idromassaggio f 'waßka
idromaß'ßaddscho
wichtig importante
impor'tante
wie come 'kome
wieder di nuovo di nu'ɔwo
wiederholen ripetere
ri'pätere

Wiese prato m 'prato
Wildschwein cinghiale m tschin'gjale
willkommen benvenuto benwe'nuto
Wind vento m 'wento
Windschutzscheibe parabrezza m para'brättsa
Winter inverno m in'wärno
wir noi 'noi
Wirbelsäule spina dorsale f 'ßpina dor'ßale
wissen sapere ßa'pere
Witz scherzo m 'ßkärtso
wo dove 'dowe
Woche settimana f ßetti'mana
Wochenende fine settimana m 'fine ßetti'mana
wohin dove 'dowe
wohnen abitare abi'tare
Wohnung appartamento m apparta'mento
Wolf lupo m 'lupo
Wolke nuvola f 'nuwola
Wolle lana f 'lana
wollen volere wo'lere
Wort parola f pa'rɔla
Wörterbuch dizionario m ditsjo'narjo
Wunde ferita f fe'rita
Wunsch desiderio m desi'därjo
Würfel dado m 'dado
Wurm verme m 'wärme
würzig aromatico aro'matiko

Z

zäh duro 'duro
Zahl numero m 'numero
zahlen pagare pa'gare
Zahn dente m 'dänte
Zange tenaglie f/pl te'nalje
zart tenero 'tänero
Zaun recinto m re'tschinto
Zecke zecca f 'tsekka
Zehe dito del piede m 'dito del 'pjäde
zeigen mostrare moß'trare
Zeit tempo m 'tämpo
Zeitung giornale m dschor'nale

Zelt tenda *f* 'tända
zentral centrale tschen'trale
Zettel foglietto *m* fo'ljetto
Ziege capra *f* 'kapra
ziehen tirare ti'rare
Ziel meta *f* 'mäta; *(Absicht)* scopo *m* 'ßkɔpo
Zimmer camera *f* 'kamera; stanza *f* 'ßtantsa
Zimt cannella *f* kan'nälla
Zoll dogana *f* do'gana
zollfrei esente da dazio e'sente da 'datsjo
Zubereitung preparazione *f* prepara'tsjone
Zucker zucchero *m* 'tsukkero
zufrieden contento kon'tänto
Zug treno *m* 'träno
Zukunft futuro *m* fu'turo
zulässig ammesso am'meßo
Zunge lingua *f* 'lingua
zurück indietro in'djätro
zurückgeben restituire reßtitu'ire
zusammen insieme in'ßjäme
zusammen bezahlen pagare tutto insieme pa'gare 'tutto in'sjäme
zusätzlich *(adv)* in più in 'pju; supplementare ßupplemen'tare
zuschauen stare a guardare 'ßtare a guar'dare
Zuschlag supplemento *m* ßupple'mento
zuständig competente kompe'tänte
Zutaten ingredienti *m/pl* ingre'djänti
zuverlässig affidabile affi'dabile; *(glaubwürdig)* attendibile atten'dibile; *(Person)* fidato fi'dato
zuzüglich più 'pju
Zweibettzimmer camera a due letti *f* 'kamera a 'due 'lätti
zweisprachig bilingue bi'lingue
Zwiebel cipolla *f* tschi'polla

Italienisch–Deutsch

A

abbastanza genug
abitare wohnen
abito *m* Anzug
abusare di missbrauchen
accanto a neben
accendere einschalten
accendino *m* Feuerzeug
accettare akzeptieren
accompagnatore *m* Begleitperson
aceto *m* Essig
acido sauer
acqua *f* Wasser
acqua di rubinetto *f* Leitungswasser
acqua potabile *f* Trinkwasser
acquavite *f* Schnaps
adattatore *m* Adapter
adulto *m* Erwachsener
aeroporto *m* Flughafen
affari *m/pl* Geschäft
affidabile zuverlässig
affittare vermieten *(Wohnung)*
affitto *m* Miete
agenzia (di) viaggi *f* Reisebüro
aglio *m* Knoblauch
agnello *m* Lamm
ago *m* Nadel
agosto *m* August
aiutare helfen
aiuto *m* Hilfe
alba *f* Dämmerung *(morgens)*
albergo *m* Hotel
albero *m* Baum
albicocca *f* Aprikose
allarme in caso d'incendio *m* Feueralarm
allergico allergisch
alloggio *m* Unterkunft
alluvione *f* Hochwasser
all'inizio erst *(anfangs)*
alta marea *f* Flut
alta stagione *f* Hauptsaison

Italienisch-Deutsch 255

alto hoch; groß; tief *(Wasser)*
altoparlante *m* Lautsprecher
altrettanto ebenfalls *(gleichfalls)*
amaca *f* Hängematte
amare lieben
ambulanza *f* Krankenwagen
amica *f* Freundin
amichevole freundlich
amico *m* Freund
a misura di disabile behindertengerecht
ammesso zulässig
analcolico alkoholfrei
analgesico *m* Schmerzmittel
anatra *f* Ente
anche auch
ancora noch
andare fahren; gehen
andare a cavallo reiten
andare a mangiare fuori essen gehen
andare a prendere abholen (gehen); holen
andare a trovare besuchen *(Personen)*
andata *f* Hinfahrt
andato via weg *(weggegangen)*
anello *m* Ring
angolo *m* Ecke
animale *m* Tier
anno *m* Jahr
annullare annullieren
anticipo *m* Anzahlung
antico antik
antipasto *m* Vorspeise
antipatico unsympathisch
a pagamento gebührenpflichtig *(Parken)*
a parte extra *(getrennt)*
ape *f* Biene
a pedaggio gebührenpflichtig *(Straße)*
aperto geöffnet; offen
appartamento *m* Wohnung
appartamento per le vacanze *m* Ferienwohnung

appendiabiti *m*
  Kleiderbügel
approdo *m* Anlegestelle
appuntamento *m*
  Verabredung *(Treffen)*
apribottiglie *m*
  Flaschenöffner
aprile *m* April
apriscatole *m* Dosenöffner
arachidi *f/pl* Erdnüsse
arancia *f* Orange
arcobaleno *m* Regenbogen
area di servizio *f*
  Raststätte
argento *m* Silber
aria condizionata *f*
  Klimaanlage
armadietto per deposito
  bagagli *m* Schließfach
armadio *m* Schrank
aromatico würzig
arrivo *m* Ankunft; Anreise
arte *f* Kunst
ascensore *m* Aufzug
asciutto trocken
a sinistra links
asino *m* Esel
aspro sauer

assaggiare probieren
  (kosten)
assicurazione *f*
  Versicherung
assistente di bordo *m*
  Steward
attendibile zuverlässig
  (glaubwürdig)
atterrare landen *(Flug)*
attitudine *f* Einstellung
  (Haltung)
attore *m* Schauspieler
attraversare überqueren
attrezzi *m/pl* Werkzeug
augurio *m* Glückwunsch
autentico echt
autista *m* Fahrer
autista dell'autobus *m/f*
  Busfahrer(in)
auto a noleggio *f*
  Mietwagen
automatico automatisch
automobilista che va
  contromano
  sull'autostrada *m/f*
  Geisterfahrer(in)
autonoleggio *m*
  Autovermietung

Italienisch-Deutsch

autunno *m* Herbst
avere haben
avere *m* Guthaben
avvertimento *m* Warnung
azienda *f* Geschäft *(Firma)*
azienda di soggiorno e turismo *f*
  Fremdenverkehrsamt
azzurro blau

B

bacio *m* Kuss
bagaglio *m* Gepäck
bagaglio a mano *m*
  Handgepäck
bagnato nass
bagno *m* Bad
baia *f* Bucht
balena *f* Wal
bambina *f* Mädchen *(Kind)*
bambino Junge; Kind
banca *f* Bank
bancomat *m* Geldautomat
bandiera *f* Flagge
bar *m* Café
barba *f* Bart
barca a remi *f* Ruderboot
barca a vela *f* Segelboot
barca da pesca *f*
  Fischerboot
basilico *m* Basilikum
bassa stagione
  Nachsaison; Vorsaison
batteria (ricaricabile) *f*
  Akku
bebè *m* Baby
beige beige
bello schön
bene gut; richtig; schön
benvenuto willkommen
benzina *f* Benzin
bere trinken
berretto *m* Mütze
bevanda *f* Getränk
biancheria intima *f*
  Unterwäsche
bianco weiß
bicicletta *f* Fahrrad
bigiotteria *f* Schmuck
  (Modeschmuck)
biglietto *m* Fahrkarte
biglietto d'ingresso *m*
  Eintrittskarte
bilingue zweisprachig

binario *m* Gleis
binocolo m *m* Fernglas
biologico biologisch
biondo blond
birra *f* Bier
birreria *f* Kneipe
boa *f* Boje
bocca *f* Mund
boiler *m* Boiler
bonifico *m* Überweisung
bosco *m* Wald
bottiglia *f* Flasche
braccio *m* Arm
braccioli *m/pl* Schwimmflügel
bucato *m* Wäsche
buco *m* Loch
buffet *m* Büfett
bugia *f* Lüge
buono gut
buono *m* Gutschein
busta *f* Tüte

C

cabina *f* Kabine; Umkleidekabine
caduta *f* Sturz
caduta massi *f* Steinschlag
calcio *m* Fußball *(Spiel)*
caldo warm; (molto) ~ heiß
caldo *m* Hitze
calendario *m* Kalender
calmo ruhig *(gelassen)*
calzini *m/pl* Socken
cambiare tauschen; umsteigen; umtauschen; wechseln
cambio *m* Kurs *(Währung)*
camera *f* Zimmer
camera a due letti *f* Zweibettzimmer
camera doppia *f* Doppelzimmer
camera singola *f* Einzelzimmer
cameriera *f* Kellnerin
cameriere *m* Kellner
camicetta *f* Bluse
camicia *f* Hemd
camion *m* Lastwagen
camomilla *f* Kamille
campanello *m* Klingel
campeggio *m* Campingplatz
camper *m* Wohnmobil

campo Feld; Platz *(Sport)*
candela *f* Kerze
cane *m* Hund
cannella *f* Zimt
canoa *f* Kanu
cantiere *m* Baustelle
canzone *f* Lied
capelli *m/pl* Haar
capire verstehen
capitale *f* Hauptstadt
capitano *m* Kapitän
Capodanno *m* Neujahr
capolinea *m* Endstation
cappello *m* Hut
cappello da sole *m* Sonnenhut
capra *f* Ziege
capriolo *m* Reh
carato *m* Karat
caricabatterie *m* Ladegerät
carino hübsch
carne d'agnello *f* Lammfleisch
carne di maiale *f* Schweinefleisch
carne di manzo *f* Rindfleisch
carne di vitello *f* Kalbfleisch
carnevale *m* Fasching, Karneval
caro teuer
carro attrezzi *m* Abschleppwagen
carrozzina *f* Kinderwagen
carta d'identità *f* Ausweis
carta di credito *f* Kreditkarte
carta d'imbarco *f* Bordkarte
carta eurocheque *f* EC-Karte
carta geografica *f* Landkarte
carta igienica *f* Toilettenpapier
cartolina *f* Postkarte
casa *f* Haus
casa per le vacanze *f* Ferienhaus
casco *m* Helm
cassa *f* Kasse
castano braun *(Haar)*
castello *m* Schloss
catena *f* Kette

cattivo schlecht; schlimm *(Charakter)*
cattolico katholisch
causa *f* Ursache
cauzione *f* Pfand; Kaution
cavalcavia *m* Überführung
cavalletta *f* Heuschrecke
cavallo *m* Pferd
cavatappi *m* Korkenzieher
cavo di alimentazione *m* Ladekabel
cavo di collegamento *m* Verbindungskabel
CD *m* CD
celibe ledig *(Mann)*
cellulare *m* Handy
cena *f* Abendessen
centro *m* Mitte *(Mittelpunkt)*; Zentrum
centro commerciale *m* Einkaufszentrum
centro storico *m* Altstadt
cerotto *m* Pflaster
certo sicher *(gewiss)*
che cosa was
chi wer
chiamata d'emergenza *f* Notruf
chiaro deutlich; hell; klar
chiasso *m* Lärm
chiave *f* Schlüssel
chic schick
chiesa *f* Kirche
chilometro *m* Kilometer
chiodo *m* Nagel
chitarra *f* Gitarre
chiuso geschlossen; gesperrt
choc *m* Schock
cicogna *f* Storch
cieco blind
cielo *m* Himmel
ciliege *f* Kirschen
cima *f* Gipfel
cimitero *m* Friedhof
cinema *m* Kino
cinghiale *m* Wildschwein
cintura *f* Gürtel
cintura di sicurezza *f* Sicherheitsgurt
cioccolata *f* Schokolade
cipolla *f* Zwiebel
città *f* Stadt
coccinella *f* Marienkäfer
cocomero *m* Wassermelone

Italienisch-Deutsch

codice segreto *m* Geheimzahl
cognome *m* Nachname
coincidenza *f* Anschluss
colazione *f* Frühstück
coleottero *m* Käfer
collana *f* Kette *(Halskette)*
collega *m/f* Kollege
collo *m* Hals
coltello *m* Messer
come wie
come previsto planmäßig
comitiva (turistica) *f* Reisegruppe
commestibile essbar *(Pilz)*
comodo bequem; gemütlich
compagno(-a) *m/f* Lebensgefährte
competente zuständig
compleanno *m* Geburtstag
complessivamente insgesamt
completo ausgebucht; komplett
complicato kompliziert
compreso inklusive
compressa *f* Tablette
computer *m* Computer
comune gemeinsam
comunicazione *f* Verständigung
con mit
concerto *m* Konzert
conchiglie *f/pl* Muscheln
concorrenza *f* Konkurrenz
condito gewürzt
confermare bestätigen
coniugi *m/pl* Ehepaar
cono *m* Waffel *(Eis)*
conosciuto bekannt
consueto üblich
contagioso ansteckend
contatto *m* Kontakt
contento froh; zufrieden
conto *m* Konto; Rechnung
contorno *m* Beilage
contratto *m* Vertrag
contro gegen
controllo dei bagagli *m* Gepäckkontrolle
controllo radar *m* Radarkontrolle
controllore *m* Schaffner
conveniente günstig *(Preis)*
coperta *f* Decke; Bettdecke

coperto *m* Gedeck
copia *f* Kopie
coppa gelato *f* Eisbecher
coppia *f* Paar *(Personen)*
corda *f* Seil
corrente *f* Strom *(elektrisch)*; Strömung
corso *m* Kurs
cortese höflich
corto kurz
corto circuito *m* Kurzschluss
cose da vedere *f/pl* Sehenswürdigkeiten
costa *f* Küste
costume (intero) da bagno *m* Badeanzug
costume da bagno *m* Badehose
cotone *m* Baumwolle
cotone (idrofilo) *m* Watte
crema solare *f* Sonnencreme
crepuscolo *m* Dämmerung *(abends)*
cric *m* Wagenheber
crisi *f* Krise
cristiano christlich
crociera *f* Kreuzfahrt
crudo roh
cubetto di ghiaccio *m* Eiswürfel
cucchiaio *m* Löffel
cucina Küche; Herd
cucina a gas *f* Gasherd
culetto *m* Po
cuoco *m* Koch
cuoio *m* Leder
cuore *m* Herz
cura *f* Kur
curioso neugierig
curva *f* Kurve
cuscino *m* Kopfkissen

D

dado *m* Würfel
danno *m* Schaden
data *f* Datum
data di nascita *f* Geburtsdatum
data di scadenza *f* Verfallsdatum
da vendersi dietro ricetta medica rezeptpflichtig *(Medikament)*

debole schwach
decollo *m* Start *(Flug)*
delinquenza *f* Kriminalität
dente *m* Zahn
dentiera *f* Gebiss
dentista *m/f* Zahnarzt
dentro drinnen
deposito bagagli *m* Gepäckaufbewahrung
desiderio *m* Wunsch
detersivo *m* Putzmittel; Waschmittel
detersivo per (i) piatti *m* Spülmittel
deviazione *f* Umleitung
dialetto *m* Dialekt
dicembre *m* Dezember
dichiarazione di soggiorno *f* Anmeldung
dietro hinter
differenza *f* Unterschied
difficile schwer; schwierig
di fronte gegenüber
dimenticare vergessen
dintorni *m/pl* Umgebung
dire sagen
diretto direkt
direzione *f* Richtung
disabile *m/f* Behinderte(r)
disinfettante *m* Desinfektionsmittel
disoccupato arbeitslos
disponibile verfügbar
distanza *f* Entfernung
distributore *m* Tankstelle
distributore automatico *m* Automat
disturbo *m* Störung
dito *m* Finger
dito del piede *m* Zehe
ditta *f* Firma
divano *m* Couch
divertente komisch; lustig
divertimento *m* Spaß; Vergnügen
divieto di fumare *m* Rauchverbot
divieto di sosta *m* Halteverbot; Parkverbot
divorziato geschieden
dizionario *m* Wörterbuch
doccia *f* Dusche
documenti dell'autoveicolo *m/pl* Fahrzeugpapiere

dogana f Zoll
dolce mild *(Käse, Gewürz)*; süß
doloroso schmerzhaft
domani morgen
domenica f Sonntag
donna f Frau
dopo danach; nachher
dopodomani übermorgen
dove wo; wohin
droga f Droge
drogheria f Drogerie
durata f Dauer
duro hart; zäh

E

ebreo jüdisch
eccellente hervorragend
eccesso di bagaglio m Übergepäck
eccezione f Ausnahme
ecologico ökologisch
economico billig
educatore (-trice) m/f Erzieher(in)
elastico per i capelli m Haargummi
elettricista m/f Elektriker(in)
elicottero m Hubschrauber
emergenza f Notfall
emicrania f Migräne
entrambi beide
entrata f Einfahrt; Eingang
entro innerhalb
erbe medicinali f/pl Kräuter
esatto genau; richtig
esca f Köder
escursione f Ausflug *(auf Berg usw)*
esempio m Beispiel
esente da dazio zollfrei
esercizio m Übung
esperienza f Erfahrung
esposizione f Ausstellung
essere sazio satt sein
essere valido gelten *(gültig sein)*
est m Osten
estate f Sommer
estintore m Feuerlöscher
età f Alter
euro m Euro

F

faccia *f* Gesicht
facile einfach; leicht *(nicht schwierig)*
falegname *m/f* Schreiner(in)
fame *f* Hunger
famiglia *f* Familie
famoso berühmt
fantastico fantastisch
fare machen; tun
fare attenzione a beachten
fare benzina tanken
fare camminate, fare escursioni wandern
fare il bagno baden
fare il check-in einchecken *(Flughafen)*
fare l'autostop trampen
fare la spesa einkaufen *(für den Haushalt)*
fare un cenno winken
farfalla *f* Schmetterling
farina *f* Mehl
farmacia *f* Apotheke
far male wehtun
faro *m* Leuchtturm
farsi registrare einchecken *(Hotel)*
fatto a mano handgemacht
fatto in casa hausgemacht
fattore di protezione *m* Lichtschutzfaktor
fattoria *f* Bauernhaus
favorevole günstig
fazzoletto *m* Taschentuch
febbraio *m* Februar
febbre *f* Fieber
fegato *m* Leber
felicità *f* Glück *(Glücksgefühl)*
femmina *f* Mädchen *(Baby)*
femminile weiblich
ferie *f/pl* Ferien
ferita Verletzung; Wunde
fermata *f* Haltestelle
festa Feier; Fest
fidanzato verlobt
fidato zuverlässig *(Person)*
fiera *f* Messe *(Handel)*
figlia *f* Tochter
figlio *m* Sohn
fila *f* Reihe

film *m* Film
filo *m* Faden
filtro *m* Filter
filtro UV *m* UV-Filter
fine *f* Ende; Schluss
fine settimana *m* Wochenende
finestra *f* Fenster
finito fertig *(vollbracht)*
fino (a) bis
fiore *m* Blume
firmare unterschreiben
fiume *m* Fluss
flirtare flirten
foglia *f/pl* Blatt
foglietto *m* Zettel
fon *m* Föhn
forbici *f/pl* Schere
forchetta *f* Gabel
foresta *f* Wald
forfait *m* Pauschale
formaggio *m* Käse
formica *f* Ameise
fornello a gas *m* Gaskocher
forno *m* Ofen *(Backofen)*
forse vielleicht
forte stark
fortuna *f* Glück

foto *f* Foto
fotografia *f* Bild *(Foto)*
foulard *m* Halstuch
fragole *f* Erdbeeren
francobollo *m* Briefmarke
fratelli *m/pl* Geschwister
fratello *m* Bruder
freddo kalt
freno *m* Bremse
frequente häufig
fresco frisch; kühl
frigorifero *m* Kühlschrank
frontiera *f* Grenze
frumento *m* Weizen
frutta *f* Obst
frutti di mare *m/pl* Meeresfrüchte
frutto *m* Frucht
fumare rauchen
funghi *m/pl* Pilze
funzionare funktionieren
fuoco *m* Feuer
fuori außen; draußen
fuoristrada *m* Geländewagen
furto *m* Diebstahl
fusibile *m* Sicherung
futuro *m* Zukunft

G

gabbiano *m* Möwe
gabinetto *m* Klo; WC
galleria *f* Tunnel
gamba *f* Bein
garanzia *f* Garantie
gassosa *f* Limonade
gatto *m* Katze
gelato *m* Eis
generi alimentari *m/pl* Lebensmittel
genitori *m/pl* Eltern
gennaio *m* Januar
gente *f/nur sg* Leute
gentile freundlich *(hilfreich)*; nett
Germania *f* Deutschland
giacca *f* Jacke
giallo gelb
giardino *m* Garten
ginocchio *m* Knie
gioco *m* Spiel
gioielleria *f* Juwelier
giornale *m* Zeitung
giornata *f* Tag *(Dauer)*
giorno *m* Tag
giorno di riposo *m* Ruhetag
giorno feriale *m* Werktag
giorno festivo *m* Feiertag
giovane jung
giovedì *m* Donnerstag
giro *m* Rundgang; Tour
giro turistico della città *m* Stadtrundfahrt
gita *f* Ausflug; Tour
giù hinunter; unten
giubbotto salvavita *m* Warnweste *(Auto)*
giugno *m* Juni
giusto richtig
golf *m* Golf
gommone *m* Schlauchboot
gonna *f* Rock
grado *m* Grad
grammo *m* Gramm
grande groß
grandezza *f* Größe
grandine *f* Hagel
grasso dick *(Person)*; fett
gratuitamente gratis; umsonst
gratuito kostenlos
grave schlimm
grazie danke

grezzo roh *(unverarbeitet)*
grigio grau
griglia *f* Grill
gruccia *f* Krücke
gruppo *m* Gruppe
guadagnare verdienen
guardaroba *m* Garderobe
guasto defekt; Panne
guida di una comitiva *m/f*
 Reiseleiter(in)
guida turistica *f*
 Reiseführer
gusto *m* Geschmack

H

hobby *m* Hobby
hostess *f* Stewardess

I

idea *f* Idee
ieri gestern
ieri l'altro vorgestern
immondizia *f* Müll
impermeabile wasserdicht
importante wichtig
importo *m* Betrag

impossibile unmöglich
improvviso plötzlich
inalterabile haltbar
 (Lebensmittel)
in anticipo im Voraus
in cambio dafür *(als Ersatz)*
incendio *m* Brand; Feuer
incidente *m* Unfall; Unglück
incinta schwanger
incluso inbegriffen
in contanti bar
incrocio *m* Kreuzung
indennizzo *m*
 Entschädigung
indietro zurück
(all')indietro rückwärts
in diretta live *(TV)*
indirizzo *m* Adresse
indisposto unwohl
infezione *f* Infektion
in forma fit
informazione *f* Auskunft;
 Information
ingorgo *m* Stau *(Verkehr)*
ingredienti *m/pl* Zutaten
ingresso *m* Eintritt
inizio *m* Beginn; Start
in mezzo dazwischen

Italienisch-Deutsch

innamorato verliebt
innocente unschuldig
inondazione *f* Überschwemmung
in orario planmäßig *(pünktlich)*
in più extra; zusätzlich
inquinato verschmutzt
insegna *f* Schild
insetticida *m* Insektenspray
insetto *m* Insekt
intelligente intelligent
interprete *m/f* Dolmetscher(in)
interruttore *m* Schalter *(elektrisch)*
intervallo *m* Pause *(Theater)*
intorno a um
intossicazione *f* Vergiftung
invano umsonst *(vergeblich)*
invece dafür *(stattdessen)*
invece di anstatt
inverno *m* Winter
invito *m* Einladung

in voga beliebt *(Sache)*
io ich
Islam *m* Islam
isola *f* Insel
istruzioni per l'uso *f/pl* Gebrauchsanweisung
Italia *f* Italien
italiana *f* Italienerin
italiano italienisch; Italiener
itinerario *m* Route; Strecke; Weg
IVA *f* Mehrwertsteuer

K

kayak *m* Kajak
ketchup *m* Ketchup
kit per il pronto soccorso *m* Verbandzeug

L

là dort
labbro *m* Lippe
lago *m* See
lampada *f* Lampe
lampadina *f* Glühbirne

lampo *m* Blitz
lamponi *m/pl* Himbeeren
lana *f* Wolle
latte *m* Milch
latte intero *m* Vollmilch
lattina *f* Dose *(Bier, Cola)*
laureato(-a) in legge
  Jurist(in)
lavanderia (a secco) *f*
  Reinigung
lavandino *m* Waschbecken
lavastoviglie *f*
  Spülmaschine
lavatrice *f* Waschmaschine
lavori in corso *m/pl*
  Straßenarbeiten
lavoro Arbeit; Job
leggero leicht
legna *f* Holz *(Brennholz)*
legno *m* Holz *(Material)*
lento langsam
lenzuola *f/pl* Bettwäsche
letto *m* Bett
letto a due piazze *m*
  Doppelbett
letto a una piazza *m*
  Einzelbett
lì dort

libellula *f* Libelle
libero frei; gebührenfrei
  (Parkplatz)
libro *m* Buch
lilla lila
limone *m* Zitrone
linea *f* Strecke *(Bahn)*
lingua *f* Sprache; Zunge
lingua madre *f*
  Muttersprache
lingua straniera *f*
  Fremdsprache
lino *m* Leinen
liquido *m* Flüssigkeit
liscio glatt
lista del giorno *f*
  Tageskarte *(Restaurant)*
listino prezzi *m* Preisliste
litro *m* Liter
località *f* Ort *(Ortschaft)*
lontano weit
lozione per il corpo *f*
  Körperlotion
luce *f* Licht
lucertola *f* Eidechse
luglio *m* Juli
lui er
lumaca *f* Schnecke

luna *f* Mond
luna di miele *f* Flitterwochen
lunedì *m* Montag
lungo lang
luogo di nascita *m* Geburtsort
luogo d'incontro *m* Treffpunkt
lupo *m* Wolf
lusso *m* Luxus

M

ma aber
macchina *f* Auto
macelleria *f* Metzgerei
madre *f* Mutter
maestro(-a) *m/f* Erzieher(in) *(Lehrer)*
maggio *m* Mai
maglietta *f* T-Shirt
magnifico toll
magro dünn *(Person)*; fettarm; mager
mai nie
maiale *m* Schwein
maionese *f* Mayonnaise
(am)malato krank
malato di cuore herzkrank
malattia *f* Krankheit
mal di gola *m* Halsschmerzen
mal di pancia *m* Bauchschmerzen
mal di testa *m* Kopfschmerzen
male schlecht *(adv)*; schlimm *(adv)*
malinteso *m* Missverständnis
maltrattare misshandeln
mancanza di corrente *f* Stromausfall
mancia *f* Trinkgeld
mandorle *f/pl* Mandeln
mangiabile essbar
mangiare essen
mano *f* Hand
marciapiede *m* Gehsteig; Bahnsteig
mare *m* Meer
marito *m* Mann *(Ehemann)*
marrone braun
martedì *m* Dienstag
martello *m* Hammer

- martora *f* Marder
- marzo *m* März
- maschio *m* Junge *(Baby)*
- massaggio *m* Massage
- massimo maximal
- materassino gonfiabile *m* Luftmatratze
- materasso *m* Matratze
- materiale *m* Material; Stoff
- matita *f* Stift *(Bleistift)*
- matrimonio *m* Hochzeit
- mattina *f* Vormittag
- medicina *f* Medikament
- medico *m* Arzt
- medico di turno *m* Notarzt
- medusa *f* Qualle
- mela *f* Apfel
- melanzana *f* Aubergine
- membro *m* Mitglied
- menta piperita *f* Pfefferminze
- menù *m* Speisekarte; Menü
- mercatino delle pulci *m* Flohmarkt
- mercato *m* Markt
- mercoledì *m* Mittwoch
- mese *m* Monat
- messa *f* Gottesdienst
- messaggino *m* SMS
- messaggio *m* Nachricht
- meta *f* Ziel
- metà *f* Hälfte
- metro *m* Meter
- metropolitana *f* U-Bahn
- mezza pensione *f* Halbpension
- mezzo halb; Mitte
- mezzogiorno *m* Mittag
- minestra *f* Suppe
- minuto *m* Minute
- miope kurzsichtig
- misto gemischt
- mite mild *(Klima)*
- mobile *m* Möbel
- moderno modern
- modulo d'iscrizione *m* Anmeldeformular
- moglie *f* Frau *(Ehefrau)*
- molto sehr; viel
- momento *m* Moment
- mondo *m* Welt
- moneta *f* Münze
- montagna *f* Berg; Gebirge
- morbido weich
- mordace bissig
- morto tot

mosca *f* Fliege
motel *m* Motel
motivo *m* Grund
motocicletta *f* Motorrad
motore *m* Motor
motoscafo *m* Motorboot
mucca *f* Kuh
multa *f* Strafzettel
municipio *m* Rathaus
mura *f/pl* Mauer (Stadtmauer)
muro *m* Mauer; Wand
museo *m* Museum
musicista *m/f* Musiker(in)
müsli *m* Müsli
muto stumm

N

naso *m* Nase
nastro adesivo *m* Klebeband
Natale *m* Weihnachten
nativo *m* Einheimischer
naturale natürlich
nausea *f* Übelkeit
nave *f* Schiff
navigatore (satellitare) *m* Navigationssystem
nazionalità *f* Nationalität
nebbia *f* Nebel
negozio *m* Geschäft (Laden)
neonato *m* Baby
nero schwarz
neve *f* Schnee
niente nichts
no nein
noce *f* Nuss
noi wir
noioso langweilig
noleggio *m* Verleih
noleggio (di) barche *m* Bootsverleih
(tariffa di) noleggio *f* Leihgebühr
nome *m* Name
non nicht
non inquinante umweltfreundlich
nonna *f* Oma
nonni *m/pl* Großeltern
nonno *m* Opa
non nuotatori *m* Nichtschwimmer

non stagno undicht
non valido ungültig
nord *m* Norden
nostalgia *f* Heimweh
notizia *f* Nachricht *(Zeitung)*
notte *f* Nacht
novembre *m* November
nubile ledig *(Frau)*
nudo nackt
numero di cellulare *m* Handynummer
numero di telefono *m* Telefonnummer
nuovo neu
nuvola *f* Wolke

O

o oder
obiettivo *m* Objektiv
oca *f* Gans
occhiali *m/pl* Brille; ~ da sole Sonnenbrille
occhio *m* Auge
occupato besetzt
odore *m* Geruch
offerta *f* Angebot
offerta speciale *f* Sonderangebot
officina *f* Werkstatt
oggetti di valore *m/pl* Wertsachen
oggi heute
ogni giorno täglich
ombra *f* Schatten
ombrello *m* Regenschirm
ombrellone *m* Sonnenschirm
omosessuale homosexuell
onda *f* Welle
opinione *f* Meinung
ora *f* Stunde
ora locale *f* Ortszeit
orario *m* Fahrplan
orario di apertura *m* Öffnungszeiten
orecchini *m/pl* Ohrringe
orecchio *m* Ohr
organizzazione *f* Organisation
orgoglioso stolz
origano *m* Oregano
oro *m* Gold
orologio *m* Uhr
orso *m* Bär

ospedale *m* Krankenhaus
ospite *f/m* Gast
ostello della gioventù *m* Jugendherberge
ottobre *m* Oktober
ovest *m* Westen

P

pacco *m* Paket
padre *m* Vater
paesaggio *m* Landschaft
paese *m* Dorf; Land *(Staat)*
paio *m* Paar *(Sachen)*
palla *f* Kugel; Ball
pallavolo *f* Volleyball
pallina *f* Kugel *(Eis)*
pallone da mare *m* Wasserball
panchina *f* Bank *(Sitzbank)*
pane integrale *m* Vollkornbrot
panetteria *f* Bäckerei
pantaloni *m/pl* Hose
papavero *m* Mohn
pappagallo *m* Papagei
paracadutismo *m* Fallschirmspringen
parassiti *m/pl* Ungeziefer
parcheggiare parken
parcheggio *m* Parkplatz
parchimetro *m* Parkuhr
parco *m* Park
parco giochi *m* Spielplatz
parco nazionale *m* Nationalpark
parente *m/f* Verwandte(r)
parete Mauer; Wand
parola *f* Wort
parrucchiere *m* Friseur
partenza *f* Abfahrt; Abreise
Pasqua *f* Ostern
passaggio *m* Durchfahrt
passaporto *m* (Reise)pass
passeggero(-a) *m/f* Beifahrer(in) *(Auto)*
passeggiata *f* Spaziergang
pasta *f* Nudeln
pasticceria *f* Konditorei
patente (di guida) *f* Führerschein
patria *f* Heimat
paura *f* Angst
pazienza *f* Geduld
pecora *f* Schaf
pedaggio *m* Maut

pedalò *m* Tretboot
pediatra *m* Kinderarzt
pedicure *m* Pediküre
penisola *f* Halbinsel
penna USB *f* USB-Stick
pensione *f* Pension
pensione completa *f* Vollpension
pentola *f* Topf *(zum Kochen)*
pepe *m* Pfeffer
pera *f* Birne
percentuale *f* Prozent
perché warum; weil
percorso *m* Strecke; Weg *(Route)*
per favore bitte
pericolo *m* Gefahr
pernottamento *m* Übernachtung
per questo dafür
persona *f* Person
pesante schwer
pescare fischen
pesce *m* Fisch
peso *m* Gewicht
petrolio *m* Öl *(Erdöl)*
petto *m* Brust

pezzo *m* Stück
piano Etage; Plan
pianoforte *m* Klavier
pianta *f* Pflanze
pianta *f* Plan *(Straßenplan)*; ~ della città Stadtplan
pianterreno *m* Erdgeschoss
piatto *m* Teller
piatto del giorno *m* Tagesgericht
piazza del mercato *f* Marktplatz
piccante pikant; scharf
piccolo klein
piede *m* Fuß
pieno voll
pieno zeppo überfüllt
pinzette *f/pl* Pinzette
pipa *f* Pfeife
piscina all'aperto *f* Freibad
pista ciclabile *f* Radweg
più buono besser
più vicino nächster
poco wenig
poco chiaro unklar
poco importante unwichtig

politico(-a) *m/f* Politiker(in)
polizia *f* Polizei
poliziotto *m* Polizist
pollame *m* Geflügel
pollo *m* Hähnchen; Huhn
polso *m* Puls
polveroso staubig
pomata Salbe
pomeriggio *m* Nachmittag
pomodoro Tomate
pompa (da bicicletta) *f* Luftpumpe
ponte *m* Brücke
porta *f* Tür
portabagagli *m* Gepäckträger
portamonete *m* Geldbeutel
portata *f* Gang
porto *m* Hafen
porzione *f* Portion
posacenere *m* Aschenbecher
posate *f/pl* Besteck
possibilità *f* Möglichkeit
posto *m* Platz
posto a sedere *m* Sitzplatz
posto in piedi *m* Stehplatz

potere dürfen; können
povero arm
pranzo *m* Mittagessen
pratica *f* Erfahrung *(Übung)*
prato *m* Wiese
preavviso *m* Voranmeldung
preavviso di tempesta *m* Sturmwarnung
precauzione *f* Vorsicht
precedenza *f* Vorfahrt
prego bitte *(gern geschehen)*
prenotato reserviert
prenotazione *f* Buchung
preparazione *f* Zubereitung
presa (della corrente) *f* Steckdose
presbite weitsichtig
preservativo *m* Kondom
presidente(-essa) *m/f* Präsident(in)
presto bald; früh
prezioso kostbar
prezzo *m* Preis
prima erst *(zuerst)*; früher

primavera *f* Frühling
principiante *m/f* Anfänger
privato privat
problema *m* Problem
professione *f* Beruf
profondo tief
profumo *m* Duft; Parfüm
prolunga *f*
 Verlängerungskabel
pronto bereit; fertig
pronuncia *f* Aussprache
proposta *f* Vorschlag
proprietario(-a) *m/f*
 Besitzer(in)
prossimo nächster
 (folgender)
protestante evangelisch
protezione *f* Schutz
protezione antizanzare *f*
 Mückenschutz
provare probieren
provvisorio vorläufig
prugna *f* Pflaume
pubblicità *f* Werbung
pulce *f* Floh
pulito sauber
pulizia finale *f*
 Endreinigung
pullman *m* Bus *(Reisebus)*
pungiglione *m* Stachel
 (Insekt)
puntuale pünktlich
puntura *f* Stich
puntura d'insetto *f*
 Insektenstich
puntura di zanzara *f*
 Mückenstich
puro pur
purtroppo leider

Q

quadro *m* Bild *(Malerei)*
qualità *f* Qualität
quando wann
quantità *f* Anzahl; Menge
quanto was *(wie viel)*
quartiere *m* Stadtteil
quotidiano täglich

R

radice *f* Wurzel
radio *f* Radio
raffreddore *m* Schnupfen;
 Erkältung

raffreddore da fieno *m* Heuschnupfen
ragazza *f* Freundin *(Partnerin)*; Mädchen
ragazzo *m* Freund *(Partner)*; Junge
raggiungibile erreichbar
raggi UV *m/pl* UV-Strahlen
ragno *m* Spinne
rapido schnell
raro selten
rasare rasieren
ratto *m* Ratte
reception *f* Rezeption; Empfang
recinto *m* Zaun
reclamare sich beschweren
reclamo *m* Beschwerde; Reklamation
regalo *m* Geschenk
reggiseno *m* BH
regionale regional
regolamento *m* Vorschrift
regolare planmäßig; regelmäßig
rene *m* Niere
respiratore *m* Schnorchel
responsabile verantwortlich
responsabilità *f* Haftung
restante übrig
restituire zurückgeben
restituzione *f* Rückgabe
resto *m* Rest
ricaricare aufladen *(Batterie)*
ricci *m/pl* Locken
riccio *m* Igel
ricco reich
ricetta *f* Rezept
ricevuta *f* Quittung
riduzione *f* Ermäßigung
riempire ausfüllen *(Formular)*
rifugio *m* Hütte
rimborsare rückerstatten
riparazione *f* Reparatur
ripido steil
riposo *m* Erholung
riscaldamento *m* Heizung
riso *m* Reis
rispettare beachten *(Vorfahrt)*
risposta *f* Antwort

ritardo *m* Verspätung
ritorno *m* Rückfahrt; Rückweg
riva *f* Ufer
roccia *f* Fels
romantico romantisch
rosmarino *m* Rosmarin
rossetto *m* Lippenstift
rosso rot
rotto gebrochen; kaputt
roulotte *f* Wohnwagen
rubinetto *m* Wasserhahn
rumore *m* Geräusch
rumoroso laut *(lärmend)*
ruota di scorta *f* Reservereifen
ruscello *m* Bach

S

sabato *m* Samstag
sabbia *f* Sand
sacco a pelo *m* Schlafsack
saldi (di fine stagione) *m/pl* Schlussverkauf
sale *m* Salz
salire einsteigen
salmone *m* Lachs
salsiccia *f* Wurst
saluto *m* Gruß
salvagente *m* Rettungsring
sangue *m* Blut
sano gesund
San Silvestro *m* Silvester
sapone *m* Seife
sapore *m* Geschmack *(Essen)*
sauna *f* Sauna
sbarcare landen *(mit Schiff)*
scala mobile *f* Rolltreppe
scale *f/pl* Treppe
scaricare herunterladen
scarpe *f/pl* Schuhe
scarpe da ginnastica *f/pl* Turnschuhe
scendere aussteigen
scheda memoria *f* Speicherkarte
scherzo *m* Witz
schiena *f* Rücken
sci nautico *m* Wasserski
sciopero *m* Streik
scivoloso rutschig
scoglio *m* Fels *(am Meer)*
scompartimento *m* Abteil

sconto *m* Rabatt
scontrino *m* Kassenbon
scooter *m* Roller *(mit Motor)*
scopa *f* Besen
scortese unhöflich
scottatura (solare) *f* Sonnenbrand
scuola *f* Schule
scuro dunkel
scusa *f* Entschuldigung
secco trocken *(Wein)*
secondo *m* Hauptgericht
secondo *m* Sekunde
sedia a rotelle *f* Rollstuhl
sedia a sdraio *f* Liegestuhl
seggiolino per bambini *m* Kindersitz
segreto geheim
seguire folgen
semaforo *m* Ampel
semplice einfach
sempre dritto geradeaus
senape *f* Senf
sentiero *m* Weg *(Pfad)*; Wanderweg
senza caffeina koffeinfrei
senza glutine glutenfrei
senza lattosio laktosefrei
senza scalini stufenlos
separato getrennt
sera *f* Abend
serpente *m* Schlange
sesso *m* Sex
seta *f* Seide
sete *f* Durst
settembre *m* September
settimana *f* Woche
sfortuna *f* Unglück
sì ja
sicuro sicher
signora *f* Dame; Frau *(Anrede)*
signore *m* Herr
silenzioso leise; still
simile (a) ähnlich
single *m/f* Single *(Person)*
singolo einzeln
sito web *m* Homepage
soccorso alpino *m* Bergwacht
soggetto a tasse gebührenpflichtig *(Steuer)*
soggiorno *m* Aufenthalt
sogno *m* Traum

soldi *m/pl* Geld
sole *m* Sonne
solo allein
soluzione *f* Lösung
somma *f* Summe
sopra oben; über *(örtlich)*
sordo taub
sorella *f* Schwester
sorgente *f* Quelle
sorgere del sole *m*
  Sonnenaufgang
sorpassare überholen
sorpresa *f* Überraschung
sosta *f* Aufenthalt *(Bahn)*
sostituzione *f* Ersatz
sottile dünn
sottopassaggio *m*
  Unterführung
sovrapprezzo *m* Aufpreis
spalla *f* Schulter
spazzolino da denti *m*
  Zahnbürste
specchio *m* Spiegel
specialità *f* Spezialität
specie *f* Sorte
spese *f/pl* Unkosten
spesso dick; häufig;
  oft

spiaggia *f* Strand
spiaggia per nudisti *f*
  FKK-Strand
spiccioli *m/pl* Kleingeld;
  Wechselgeld
spina *f* Stachel *(Pflanze)*
spina di pesce *f* Gräte
spingere schieben
sporco dreckig; schmutzig
sport *m* Sport
sportello *m* Schalter
  (Fahrkarten, Bank usw);
  Tür *(Auto, Zug)*
sposato verheiratet
spumante *m* Sekt
spuntino *m* Imbiss
squalo *m* Hai(fisch)
stagione *f* Jahreszeit
stanco müde
stazione Bahnhof
stella *f* Stern
stesso dasselbe
stoffa *f* Stoff
stop *m* Stoppschild
storia *f* Geschichte
strada *f* Straße
strada a senso unico *f*
  Einbahnstraße

straniero fremd
strano komisch *(seltsam)*
strappo *m* Riss
stressante stressig
stretto eng; schmal
strofinaccio *m* Geschirrtuch
strumento *m* Instrument
studente *m* Student
stufa *f* Ofen *(Heizofen)*
stuoia isolante *f* Isomatte
stupido dumm
su über
subito gleich; sofort
succhiotto *m* Schnuller
succo *m* Saft
sud *m* Süden
suggerimento *m* Tipp
sugo *m* Soße
suonare il clacson hupen
supplemento *m* Zuschlag
svegliare wecken

T

tabacco *m* Tabak
tacchina *f* Pute
taglia *f* Größe *(Kleidung)*
talpa *f* Maulwurf
tapparella *f* Rollladen
tardi spät
targa *f* Kennzeichen *(Auto)*
tasca *f* Tasche *(in Kleidung)*
tassa *f* Gebühr
tavolo *m* Tisch
taxi *m* Taxi
tazza *f* Tasse
tè *m* Tee
teatro *m* Theater
tecnico(-a) *m/f* Techniker(in)
tedesca(-o) *f/m* Deutsche(r)
tedesco deutsch
telefonia cellulare *f* Mobilfunknetz
telefono *m* Telefon
televisore *m* Fernseher
temperatura *f* Temperatur
tempesta *f* Sturm
tempo *m* Wetter; Zeit
temporale *m* Gewitter; Unwetter
tenaglie *f/pl* Zange
tenda *f* Zelt
terremoto *m* Erdbeben

terreno *m* Boden
testa *f* Kopf
timido schüchtern
tipico typisch
tipo *m* Sorte
toccare berühren
tonno *m* Thunfisch
topo *m* Maus
torcia *f* Taschenlampe
torre *f* Turm
torta *f* Kuchen
tosse *f* Husten
traffico *m* Verkehr
traghetto *m* Fähre
tramonto *m* Sonnenuntergang
tranquillo ruhig; still
treno *m* Zug
treppiede *m* Stativ
triste traurig
troppo zu viel
troppo poco zu wenig
tu du
tuono *m* Donner
turchese türkis
tutto alles; ganz
tutto esaurito ausverkauft

U

ubriaco betrunken
uccello *m* Vogel
ufficio oggetti smarriti *m* Fundbüro
ufficio postale *m* Postamt
umido feucht
uomo *m* Mann
uovo *m* Ei
urgente dringend
usato gebraucht
uscita *f* Ausgang
uscita di sicurezza *f* Notausgang
uva *f* Weintrauben

V

vacanza *f* Urlaub
vaccinazione *f* Impfung
vagone *m* Waggon
vagone letto *m* Schlafwagen
vagone ristorante *m* Speisewagen
valanga *f* Lawine
valido gültig
valigia *f* Koffer

valuta *f* Währung
vasca da bagno *f* Badewanne
vasca idromassaggio *f* Whirlpool
vecchio alt
veduta *f* Aussicht
vegano(-a) *m/f* Veganer(in)
vegetariano vegetarisch
vegetariano(-a) *m/f* Vegetarier(in)
velenoso giftig
veloce schnell *(Auto)*
velocità *f* Geschwindigkeit
vendita *f* Verkauf
venerdì *m* Freitag
vento *m* Wind
verde grün
verdura *f* Gemüse
verme *m* Wurm
vespa *f* Wespe
vestito *m* Kleid
veterinario *m* Tierarzt
vetro *m* Glas *(Material)*
viaggio *m* Reise
vicino nah(e) *(örtlich)*
vicolo cieco *m* Sackgasse
vietato verboten
vigili del fuoco *m/pl* Feuerwehr
visibilità *f* Sicht
visita guidata *f* Führung *(Museum)*
vista *f* Sicht *(Aussicht)*
visto *m* Visum
vitello *m* Kalb
voce *f* Stimme
voglia *f* Lust
volentieri gern
volpe *f* Fuchs
voltaggio *m* Netzspannung
voto *m* Stimme *(Wahl)*

Z

zanzara *f* Mücke
zecca *f* Zecke
zia *f* Tante
zio *m* Onkel
zona pedonale *f* Fußgängerzone
zona per non fumatori *f* Nichtraucherzone
zona protetta *f* Naturschutzgebiet

Register

A
Abend 11, 14, 21, 171
Abendessen 111
Abreise 70
Allergie 136, 186
Apotheke 180
Arzt 184, 189, 190
Aufzug 74
Ausflug 161
Ausgehen 172
aussteigen 50, 53, 58
Ausweis 179, 201
Auto 34, 40, 54, 67, 177

B
Bad 66
Bahnhof 52, 60
Bank 200
Begrüßung 11
Beschwerden 187, 193
Besichtigung 160, 162
Bett 65, 74, 77
bezahlen 70, 110, 113, 116
bitte 49, 104, 120, 157, 176
Boot 146
Botschaft 179
Brot 82, 107, 121, 122
Bus 53, 57, 58, 59

C
Café 104
Camping 72, 75

D
Diebstahl 177
Doppelzimmer 65, 66
Drogerieartikel 136
Dusche 66, 147

E
Einkaufen 115
Eintritt 162
Einzelzimmer 65
E-Mail-Adresse 14
Ermäßigung 49, 67, 162, 171
Erwachsener 49, 73, 163
essen 14, 104, 105, 199

F
Fähre 54
Fahrkarte 48, 53, 54, 58
Fahrrad 157
Familie 162, 190
Farben 127, 129
Ferienwohnung 71, 75
Feuerwehr 37

Fisch 88, 123
Fleisch 85, 109, 123
Flughafen 30, 32, 60
Foto 16, 163
Frühstück 66, 67, 82
Führerschein 42
Führung 161, 162, 163

G

Geldautomat 200, 202
Gemüse 93
Gepäck 31, 32, 67
Geschäfte 119
Getränke 100, 101, 103
Gramm 121
Größe 127

H

Halbpension 66
Haltestelle 57, 59, 72
Handgepäck 31, 32
helfen 31, 50, 176, 190
heute 14, 21, 23, 107, 171
Hotel 60, 65, 76

I

Information 48
Internet 76, 204

J

Jahr 13, 21, 22
Jugendherberge 65, 76

K

Kaffee 103
kalt 23, 109, 112
kaputt 43, 77, 141, 142
kaufen 74, 204
Kilo 121
Kilometer 35
Kind 13, 49, 162, 171, 186
Kino 172
Kleidung 127, 130
klein 128, 132
Klimaanlage 43, 66
Kneipe 104, 112, 172
Koffer 31, 33
Kondom 16, 136
Konsulat 178, 179
Körperteile 191
kosten 49, 61, 64, 116, 147
kostenlos 205
Krankenhaus 190
Krankenwagen 37, 176
Krankheiten 193
Kreditkarte 70, 116, 202
Kultur 170

L

Lebensmittel 120
Liegestuhl 56, 146
links 29, 142

M

Markt 120, 167
Medikamente 181, 187
Meer 66, 148
mieten 34, 71, 77, 157
Milch 103, 122, 124
Mittagessen 112
Monate 20, 21, 22, 187
Motorrad 34, 44
Museum 167

N

Nacht 11, 22, 66, 67
Name 13, 38, 65
Notarzt 176

O

Obst 99
Optiker 120, 141

P

Panne 39, 159
Parkplatz 45
Platz 31, 50, 52, 104, 171
Polizei 37, 38, 177, 180
Post 203
Preis 35, 116

R

Rechnung 70, 78, 110
rechts 29, 142
Regen 23
Reparatur 41, 45
reservieren 52, 65, 78
Restaurant 104
Rezeption 65, 78

S

Salate 83, 85
Sauna 150
Schiff 54
Schließfach 48
Schlüssel 68, 78
Schmerzen 184, 187, 190
Schuhe 132
schwanger 187
Sehenswürdigkeit 160
Sonne 23, 25, 149
Sonnenschirm 146
Souvenir 134
Speisekarte 82, 105

Sport 146, 159
sprechen 10, 178, 190, 204
Stadtplan 160
Stoffe 127, 128
Strand 146
Straße 28, 40, 44, 60
Stück 39, 106, 120, 121
Stunde 19, 22, 147, 199

T

Tabakwaren 120, 143
Tag 11, 20, 34, 73, 157
Tankstelle 36, 47
Taxi 60, 70, 173
Tee 82, 103
Telefon 78, 204
Theater 169, 172
Tisch 104, 108, 113
Toilette 69, 73, 78, 104
Tour 154, 155
Touristeninformation 160
treffen 14, 162

U

U-Bahn 57
Übernachten 63
umsteigen 48, 52, 58, 60
Unfall 37, 47, 176, 180

V

vegetarisch 107, 113
Veranstaltungen 170
Versicherung 38, 178, 189
verstehen 10, 18
Vollpension 66

W

wandern 154
warm 23
warten 15, 18, 61
Wasser 69, 100, 106, 149
Weg 155, 156, 158
weit 28, 36, 64, 155
Wellness 150
Werkstatt 40, 47
Wetter 23
WLAN 67, 205
Woche 22, 34, 157, 170
Wochentage 20
Wohnmobil 34, 72, 79

Z

Zahnarzt 184, 189, 198
zeigen 28, 117, 187
Zeit 18, 22
Zimmer 64, 67, 68, 79
Zug 48, 50

VI Die Zahlen

0 .... zero 'dsäro
1 .... uno 'uno
2 .... due 'due
3 .... tre tre
4 .... quattro ku'attro
5 .... cinque 'tschinkue
6 .... sei 'ßäi
7 .... sette 'ßätte
8 .... otto 'ɔtto
9 .... nove 'nɔwe
10 .... dieci 'djätschi
11 .... undici 'unditschi
12 .... dodici 'doditschi
13 .... tredici 'treditschi
14 .... quattordici kuat'tɔrditschi
15 .... quindici ku'inditschi
16 .... sedici 'ßeditschi
17 .... diciassette ditschaß'ßätte
18 .... diciotto di'tschɔtto
19 .... diciannove ditschan'nɔwe
20 .... venti 'wenti
21 .... ventuno wen'tuno
22 .... ventidue wenti'due
23 .... ventitré wenti'tre
24 .... ventiquattro wentiku'attro
25 .... venticinque wenti'tschinkue
26 .... ventisei wenti'ßäi
27 .... ventisette wenti'ßätte